JN412373

예언자 예레미야와 예레미야서

더 가까이 보기

예레미야서

예언자 예레미야와 예레미야서

더 가까이 보기

예레미야서

잭 R. 런드봄 지음

구애경 · 박지혜 옮김

대한기독교서회

예레미야서 더 가까이 보기
–예언자 예레미야와 예레미야서

2016년 9월 30일 초판 1쇄

지은이/잭 R. 런드봄
옮긴이/구애경·박지혜
펴낸이/서진한
펴낸곳/대한기독교서회
편집책임/하미자·정성수

등록/1967년 8월 26일 제1967-000002호
주소/서울시 강남구 테헤란로 103길 14(삼성동)
전화/출판국 (02) 553-0873~4, 영업국 (02) 553-3343
팩스/출판국 (02) 3453-1639, 영업국 (02) 555-7721
e-mail/cls1890@chol.com
edit1890@chol.com
http://www.clsk.org
facebook.com/clskbooks

직영서점/기독교서회
종로5가 기독교회관, 전화 (02) 744-6733, 팩스 (02) 745-8064

책번호/2198
ISBN 978-89-511-1860-9 93230

Jeremiah Closer Up
The Prophet and the Book
by Jack R. Lundbom
tr. by Koo Aekyoung and Park Jihye

* 책값은 뒤표지에 있습니다.

베이루트의 근동신학대학(Near East School of Theology)에서

처음 예레미야를 연구할 때 지도해 주셨던

윌리엄 할러데이 교수님께 이 책을 헌정합니다.

머리말

『예레미야서 더 가까이 보기』. 어느 관점보다 더 예레미야서를 가까이 보겠다는 것인가? 베른하르트 둠의 급진적인 자료비평으로 되돌아가든지, 혹은 ('전승'들을 '자료'들로 대체한) 편집비평을 시행함으로써 둠과 양식비평을 구축하든지, 혹은 이데올로기 비평을 이끌어오든지 간에, 현재의 대다수 연구가 우리에게 남겨준 것은 결국 우리의 시야에서 멀어져 버렸거나 거의 멀어져가는 예언자 예레미야와, 포로기 중기와 포로기 후기, 혹은 포로기 이후의 희미한 안개 속으로 사라져버린 예레미야서이다. 어떤 학자들은 이 세 시기 모두를 주장할 수도 있다. 그러나 현재의 연구들 중 상당수는 극히 주관적이며, 최악의 경우는 물론 최선의 경우에도 학문적인 창의력 실행에 불과한 것으로 보인다. 합리적인 정도를 넘어서까지 성서의 증언을 평가절하하고, 학자들이 상상력을 발휘해서 재구성한 사건을 성서의 증언으로 대체하는 일들이 종종 일어나고 있다. 예레미야서에 대한 나의 연구는 이와는 다른 계열의 방법론들을 따라가며, 신뢰할 만한 다른 학문적 성과들을 여러 지점에서 논의의 장으로 가지고 들어왔다. 단 하나의 방법론이 아니라 여러 가지 방법론을 사용할 것이다.

예레미야서에 관해서는 나는 스승인 데이비드 노엘 프리드만의 견해를 따라, 예레미야서가 기원전 560년 이전에 각각 바빌론과 이집트에서 완성되었다고 생각한다. 대략 동일한 시기에 창세기부터 열왕기하까지의 기본 역사서가 완성되었다. 프리드만은 예레미야 52:31-34와 열왕기하 25:27-30의 후기가 대략 기원전 560년에 기록된 것으로 본다. 기원전 6세기 중반에 이르러 완성된 예레미야서와 완성된 기본 역사서가 묶이게 되었다. 제1장에서 볼 수 있듯이, 나는 히브리어 본문과 더 짧은 헬라어 본문(칠십인역)에 대한 본문비평 작업을 통해 칠십인역의 예레미야서가 이집트에 보존되어 있던 히브리어 본문을 번역한 것이며, 이 히브리어 본문은 약 350년 동안 상당한 단어 손실(중자탈락)과 서기관들의 실수로 점철되었다는 결론을 끌어냈다. 짧은 히브리어 본문의 파편(4QJer[b])이 쿰란에서 발견되었다. 좀 더 긴 히브리어 본문은 광범위하게 추가된 것이 아니며, 더 나은 예레미야의 본문에 해당한다. 따라서 예레미야서가 바빌론 포로기 중반이나 후반, 혹은 바빌론 포로기 이후에 작성되거나 편집되었다는 가능성이 사실상 배제된다.

양식비평적 연구를 어느 정도 도입한 결과 나는 네리야의 아들 바룩과, 그보다 비중은 적었지만 그의 형제 스라야가 예레미야서를 기록하고 모으고 편집한 서기관들이었다는 결론에 도달했다. 이것은 예레미야 전승들을 보존해 온 상당한 양의 구두전승의 가능성을 사실상 배제한다. 예레미야서는 전반적으로 — '전적으로'라고 말하고 싶으나 — 예레미야의 첫 번째 두루마리 신탁들이 기록된 기원전 605년에 서기관의 작품으로 태어났다. 예레미야서의 전승들이 상당한 기간 동안 구두전승으로 있었다는 생각은 초기 양식비평에서 나온 낭만적인 가정이다. 이러한 가정은 (1) 이스라엘과 아시리아, 고대 근동의 여러 지역이 기원전 7세기 후반에 '필사의 시대'를 맞이했다는 뮬렌버그의 주장과 (2) 예레미야의 말들이 기원전 605년에 집중적으로 기록되었으나, 이 두루마리가 왕에 의해 파기되고, 다시 작성되면서 예레미야의 말들이 추가되었다는 예레미야서 36장의 분명한 진술(렘 36:32)에 비추어 볼 때 성립될 수 없다.

나는 우리가 현재 가지고 있는 예레미야서가 예언자 예레미야와 그의 사역을 매우 잘 보여주며, 어떤 경우는 청중을 향한 예레미야의 설교 사역을 상당히 예리한 시선으로 조명해 준다고 생각한다. 나는 로버트 캐롤이 그랬던 것처럼 존 스키너와 다른 학자들의 견해에 반박하지는 않았지만, 나의 결론은 단순히 지난 세기에 예레미야 학자들이 수행한 것과 같은 역사비평을 갱신한 것은 아니다. 오늘날 우리는 이전에 도달했던 역사적인 결론들을 당시만큼 확신할 수는 없다. 이것은 역사적인 탐구를 모두 포기해야 한다는 것이 아니라 과거의 역사적 견해들을 수정해야 할 필요를 제기한다. 역사비평을 완전히 폐기할 수 있다는 생각은 순진한 발상이다.

내가 예레미야서 본문을 연구하면서 주로 사용해 온 방법은 수사비평이다. 수사비평은 우리가 전달받은 본문을 깊은 존경심으로 대하게 해주고, 또한 더 깊은 존경심으로 우리를 안내한다. 수사비평은 무엇보다도 예레미야와 그의 설교를 원래의 청중들과의 관계 속에서 조명함으로써 훨씬 더 선명한 초점으로 예레미야를 바라보게 한다. 시와 산문 신탁들의 범위를 올바르게 구분할 때 우리는 본문에 기록된 예레미야의 논증들을 더욱 분명하게 보게 된다. 수사비평을 통해서 우리는 설교 속의 많은 대화를, 그리고 경우에 따라 단원들이 어떻게 다른 문학 장르로 통합되었는지의 문제를 바라보는 예리한 시각을 갖게 되었다. 나는 자신의 관점을 가지고 본문을 대하기보다는 본문이 나에게 메시지를 줄 수 있도록 본문을 면밀하게 읽어내려고 시도했다. 종종 일어나는 일이지만, 본문이 오늘날의 쟁점에 대해서 어떤 메시지를 준다면 본문을 적용하는 것은 가능할 뿐 아니라 반드시 적용해야 한다. 그러나 승패 여부를 떠나서 우리 분야의 전투는 결국 공중이 아니라 땅에서 이루어진다고 생각하기 때문에, 나는 이론이나 이데올로기가 아니라 성서 본문으로부터 연구를 시작하려 한다.

이 책의 흐름을 소개하자면, 첫 세 편의 글은 주로 예레미야서를, 그리고 나머지 다섯 편은 예언자 예레미야와 그의 설교를 다룬다. 적절하고도 주의 깊게 성서 본문을 읽고 타당한 방법론들을 사용한다면 오늘날의 많은 주석가가 상상하는 것보다 훨씬 더 가깝게 예레미야와 예레미야서를 살펴볼 수 있다. 말할 필요도 없이 우리는 여전히 우리의 세계로부터 아주 멀리 떨어진 세계에서 유래한 고대의 책을 다루고 있다. 내가 성서 증언의 진정성을 확신한다 해도 우리가 알고자 하는 모든 것을 알 수 있다는 의미는 아니다. 여전히 남아 있는 질문이 많고, 또한 많은 것이 해석하기에 달려 있다. 그럼에도 예레미야서를 연구할 때 애매모호함과 암흑 속에서 목표 없이 헤매다가 끝나는 것이 아니라 어떠한 성과를 거두는 것은 가능하다.

제1장과 제3장은 샌디에이고에 위치한 캘리포니아 주립대학, 케임브리지 대학, 그리고 가장 최근에는 더햄 대학에서 행했던 '예레미야서의 본문과 구조, 그리고 역사적 재구성'이라는 강의를 약간 확장한 것이다. 이 강의는 단명한 학술지인 「성서의 역사가」(*The Biblical Historian*) 2/1 (2005), 1-11에 게재되었다. 이 논문의 일부가 이 학술지의 편집자인 데이비드 미아노의 친절한 허락으로 이곳에 실리게 되었다. '예레미야서에 나타난 기초적 논리학'에 대한 글은 여기에 처음으로 소개되는 것이다.

'예레미야의 탄원'에 대한 글은 2007년 2월에 동료인 브룩스 슈람 박사가 펜실베이니아 주 게티스버그의 루터 신학교에서 개설한 시편 수업에서 학생들에게 행한 강연의 원고이다. 이 강연은 2008년 9월에 노르웨이 오슬로에 위치한 노르웨이 신학대학의 학생들 앞에서도 행한 바 있다. '예레미야와 창조 질서'에 대한 글은 2007년 3월 헝가리 데브레첸에 위치한 데브레첸 개혁주의 신학대학에서 학생들에게 강연한 것이다. '예레미야와 (새) 계약'에 대한 글은 데브레첸 개혁주의 신학대학과 부다페스트의 루터 신학대학, 그리고 슬로바키아의 마르틴 성서학교에서, 2008년 9월에는 오슬로의 노르웨이 신학대학에서 학생들에게 강연한 원고이다. 이 세 편의 글은 2007년부터 2008년 사이에 홍콩의 루터 신학교에서 내가 가르치던 학생들에게 강연한 원고이기도 하다. '예레미야와 역사' 그리고 '예레미야와 이방 국가들'은 이 책에서 처음으로 소개되는 글이다.

2009년 만성절 이브에
시카고 대학 신학대학원에서
잭 R. 런드봄

차례

약어표

AB	Anchor Bible Series
ANET[3]	James B. Pritchard(ed.), *Ancient Near Eastern Texts Relating to the Old Testament*(3rd edition with Supplement; Princeton: Princeton University Press, 1969)
ATD	Alte Testament Deutsch
BA	*Biblical Archaeologist*
BWAT	Beiträge zur Wissenschaft vom Alten Testament
BZAW	Beihefte zur Zeitschrift für die alttestamentliche Wissenschaft
CB	Century Bible
CBQ	*Catholic Biblical Quarterly*
CBSC	Cambridge Bible for Schools and Colleges
DJD	Discoveries in the Judean Desert
DLZ	*Deutsche Literaturzeitung*
EncJud	*Encyclopedia Judaica*
EncPhil	*Encyclopedia of Philosophy*
EncRhet	*Encyclopedia of Rhetoric*
HAT	Handbuch zum Alten Testament

HebSt	*Hebrew Studies*
HKAT	Handkommentar zum Alten Testament
HTR	*Harvard Theological Review*
IB	*Interpreter's Bible*
ICC	International Critical Commentary
IEJ	*Israel Exploration Journal*
Int	*Interpretation*
JBL	*Journal of Biblical Literature*
JCS	*Journal of Cuneiform Studies*
JDT	*Jahrbücher für deutsche Theologie*
JSOT	*Journal for the Study of the Old Testament*
JSOTSup	*Journal for the Study of the Old Testament*, Supplement Series
JTS	*Journal of Theological Studies*
KAT	Kommentar zum Alten Testament
KHC	Kurzer Hand-Commentar zum Alten Testament
LCL	Loeb Classical Library
LXX	Septuagint
M^A	Masoretic Text of the Hebrew Bible according to the Aleppo Codex
M^L	Masoretic Text of the Hebrew Bible according to the Leningrad Codex
M^P	Masoretic Text of the Hebrew Bible according to the St Petersburg Codex of the Prophets
MT	Masoretic Text
NICOT	New International Commentary on the Old Testament
OTS	*Oudtestamentische Studiën*
OTL	Old Testament Library
OTM	Old Testament Message

PC	Pulpit Commentary
QJS	*Quarterly Journal of Speech*
RGG^2	*Die Religion in Geschichte und Gegenwart* (2nd edn)
SBLDS	SBL Dissertation Series
SBLMS	SBL Monograph Series
SJOT	*Scandinavian Journal of the Old Testament*
VT	*Vetus Testamentum*
VTSup	Vetus Testamentum, Supplement Series
ZAW	*Zeitschrift für die alttestamentliche Wissenschaft*

1장

예레미야서 본문

칠십인역과 마소라 본문

지난 2세기 동안 예레미야서 본문은 상당한 학문적 관심의 대상이 되어 왔다. 칠십인역 본문은 마소라보다 분량이 8분의 1정도가 짧은데, 그라프에 의하면 2,700 단어가 적다. 또한 예레미야 25:13a 이후부터는 자료의 순서도 다르다. 예레미야서 본문에 대한 1960년대까지의 학문적 성과들은 학위 취득 10년 후에 출판된 제럴드 잰즌의 1963년 하버드 대학 박사학위 논문에 요약되어 있다.[1)] 잰즌은 그의 논문에 두 개의 사해 두루마리 파본,[2)] 즉 4QJer[a]와 4QJer[b]를 사용하여 4QJer[b]가 예레미야서 본문 연구에 어떻게 영향을 미쳤는지를 논의했다. 4QJer[a]는 좀 더 긴 본문으로서 마소라 본문에 반영되어 있고, 4QJer[b]는 짧은 본문으로서 칠십인역에 반영되어 있다. 지금은 두 파본과 4번 동굴에서 나온 또 다른 파본인

1) J. Gerald Janzen, *Studies in the Text of Jeremiah*(Cambridge, MA: Harvard University Press, 1973), 1–9.
2) Janzen, *Studies in the Text of Jeremiah*, 173–184.

4QJer^c의 전문이 이매뉴얼 토브에 의해 출판되었다.[3)] 그 전에 이미 M. 바이에는 2번 동굴에서 나온 파본 2QJer를 출판하였다.[4)] 4QJer^c와 2QJer는 4QJer^a와 함께 원(原)-마소라 본문에 해당한다.

19세기 학자들은 두 종류의 본문을 서로 다른 전승으로 이해했다. 모퍼스[5)]는 칠십인역이 중자탈락으로 약간 손상되긴 했으나 두 본문의 불일치는 주해나 이차적인 추가 때문인 것으로 생각하면서 결론적으로는 더 짧은 칠십인역 본문을 선호했다. 반면 그라프[6)]는 매우 다른 결론을 도출했다. 그는 칠십인역 본문을 현존하는 히브리어 본문이 변형된 것으로 보면서 좀 더 긴 마소라 본문을 지지하였는데, 주로 의도적으로 본문을 바꾼 칠십인역의 번역자에게 문제가 있다고 보았다. 히치히[7)]와 기제브레히트[8)]는 그들의 주석서에서 다소 절충적인 방법으로 선호 본문을 선택했다. 기제브레히트는 마소라 본문과 칠십인역의 차이에 특히 주목하면서, 두 개의 본문 사이에서 공정한 결정을 내렸다. 마소라 본문은 이차적인 자료를 포함하고 있는 반면, 칠십인역은 원판으로부터 장황한 구절들을 요약하고 중복을 삭제하려는 경향이 있으며, 또한 칠십인역 여기저기에서 필사자의 무지와 실수로 인한 증거들이 발견된다고 생각했다. 기제브레히트는 고대의 다른 판본들(오리게네스, 아퀼라, 심마쿠스, 테오도치온,

---

3) "Jeremiah," in Eugene Ulrich et al.(eds.), *Qumran Cave* 4. X. *The Prophets*, DJD, 15(Oxford: Clarendon Pess, 1977), 145-207+plates.

4) "Jérémié,' in M. Baillet et al.(eds.), *Les 'Petites Grottes' de Qumrân*, I-II, DJD, 3(Oxford: Clarendon Press, 1962), 62-69+plates.

5) Karl Franz Movers, *De utriusque recensionis vaticiniorum Ieremiae, graecae alexandrinae et hebraicae masorethicae, indole et origine commentatio critica* (Hanmburg: Fridericus Pethes, 1837).

6) Karl Heinrich Graf, *Das Buch Jeremia*(Leipzig: T. O. Weigel, 1862).

7) F. Hitzig, *Der Prophet Jeremia,* 2nd edn.[Leipzig: S. Hirzel, 1866(originally 1841)].

8) D. Friedrich Giesebrecht, *Das Buch Jeremia,* HKAT(Göttingen: Vandenhoeck & Ruprecht, 1894).

루키안, 시리아, 탈굼 요나단, 불가타)이 일관적으로 히브리어 본문을 지지하고 있음에 주목했는데, 그 이후의 학자들은 기제브레히트만큼 이러한 상황을 주목하지 않았다. 그는 칠십인역을 채택할 때조차 마소라 본문의 구절들을 인용했다.

그러나 좀 더 짧은 칠십인역을 계속해서 지지했던 둠[9]에 의해 상황이 상당히 달라졌다. 그는 자신이 마소라 본문보다 우월하다고 간주한 헬라어 본문으로부터 마소라 본문을 읽으면서 마소라 본문을 임의로 수정했다. 예레미야서의 산문 부분 다수가 이차적이며, 포로기 이후의 것이라는 관점은 마소라 본문이 추가 확장에 의해 길어졌다는 그의 가정과 부합하였다. 코닐[10]은 본문에 대한 연구에서, 그리고 그 후 예레미야 주석에서 칠십인역에 존재하지 않는 마소라 본문 부분을 전반적으로 삭제하면서 둠의 계열에 합류하였다. H. P. 스미스[11]와 스트린[12]도 칠십인역을 선호했다. 그러나 스트린[13]이 그러했듯이 피크[14]는 자신의 주석서에서 둠의 급진적인 판단을 유보했다.

파울 볼츠는 예레미야서 본문에 대한 초기 연구[15]에서 일반적으로 좀

---

9) Bernhard Duhm, *Das Buch Jeremia,* KHC(Tübingen and Leipzig: J. C. B. Mohr[Paul Siebeck], 1901).

10) Carl Heinrich Cornill, *The Book of the Prophet Jeremiah, Critical Edition of the Hebrew Text,* trans. C. Johnston(Leipzig: J. C. Hinrichs'sche Buchhandlung, 1895); *Das Buch Jeremia*(Leipzig: Chr. Herm. Tauchnitz, 1905).

11) Henry Preserved Smith, "The Greek Translators of Jeremiah," *JTS* 4(1887), 199.

12) A. W. Streane, *The Double Text of Jeremiah together with The Lamentations* (Cambridge: Deighton, Bell & Co., 1896), 3-15.

13) A. W. Streans, *The Book of the Prophet Jeremiah together with The Lamentations*(CBSC; Cambridge: Cambridge University Press, 1952; originally 1913).

14) A. S. Peake, *Jeremiah,* I, CB(New York: H. Frowde, 1910); *Jeremiah and Lamentations,* II, CB(New York: H. Frowde, 1911)..

15) Paul Volz, *Studien zum Text des Jeremia,* BWAT, 25(Leipzig: J. C. Hinrichs'sche Buchhandlung, 1920).

더 짧은 칠십인역을 인정하였고, 그 이후의 주석서[16]에서는 마소라 본문의 수많은 단어, 구문, 메신저 공식들과 전체 구절들을 이차적인 것으로 판단하여 삭제했다. 루돌프,[17] 브라이트,[18] 톰슨,[19] 캐롤,[20] 맥케인,[21] 할러데이[22]같이 좀 더 비평적으로 예레미야서 본문을 연구하는 최근의 학자들 가운데서 캐롤과 맥케인을 제외하고는 모두 둠의 극단적인 해석에 반대했다. 그러나 이들 모두는 마소라 본문이 추가 확장으로 인해 칠십인역보다 길어졌다고 생각했다. 잰즌에 상당히 의존하고 있는 할러데이는 자신의 예레미야 주석에서 항상은 아니지만 대체로 칠십인역을 따랐다. 맥케인의 예레미야 주석은 노골적으로, 아니 매우 편향되게 칠십인역을 선호하고 있다. 맥케인은 짧은 본문을 선호하는 원칙(*brevior lectio potior*)을 사실상 본문이 변형된 모든 경우에 적용했다. 히브리어 성서인 『비블리아 헤브라이카』(*Biblia hebraica*)의 본문비평 장치 역시 칠십인역을 선호하는 경향이 있는데, 이 부분에 대해서는 뒤에서 다시 언급하고자 한다.

쟁점은 주로 칠십인역 번역자가 히브리어 판본을 요약한 것인가, 아니면 시간이 흐르면서 원-마소라 본문에 2차 자료들이 추가된 것인가의

16) Volz, *Der Prophet Jeremia*, KAT, 10; 2nd edn.(Leipzig: A. Deichertsche Verlagsbunchhandlung D. Werner Scholl, 1983; originally 1928).

17) Wilhelm Rudolph, *Jeremia*, HAT; 3rd edn.(Tübingen: J. C. B. Mohr[Paul Siebeck], 1968; originally 1947).

18) John Bright, *Jeremiah*, AB, 21(Garden City, NY: Doubleday, 1965).

19) J. A. Thompson, *The Book of Jeremiah*, NICOT(Grand Rapids: Eerdmans, 1980).

20) Robert P. Carroll, *The Book of Jeremiah*, OTL(Philadelphia: Westminster Press, 1986).

21) William McKane, *Jeremiah*, I, ICC(Edinburgh: T. & T. Clark, 1986); *Jeremiah*, II, ICC(Edinburgh: T. & T. Clark, 1996).

22) William Holladay, *Jeremiah*, I, Hermeneia(Philadelphia: Fortress Press, 1986); *Jeremiah*, II, Hermeneia(Minneapolis: Augsburg Fortress Press, 1989).

문제이다. 물론 주석가들은 모퍼스가 말한 대로 칠십인역이 필사자의 무지[23]와 오류로 인해 변형되었다는 점을 인지한다. 가장 일반적인 필사 오류는 비슷하고 반복되는 글자들이 탈락되는 중자탈락(우연한 생략)과 중복어구(우연한 중복)였다. 그러나 마소라 본문은 일반적으로 확장된 본문이라고 생각되었기 때문에 마소라 본문에서 중복어구로 의심받는 부분들이 칠십인역에서 중자탈락으로 의심받는 부분들보다 많았다. 그러나 여전히 필사 오류는 상대적으로 작은 문제에 불과했고, 주된 논쟁점은 칠십인역의 번역자가 히브리어 판본을 요약한 것인가, 아니면 원-마소라 본문이 2차 자료들에 의해 확장된 것인가 하는 점이었다.

좀 더 짧은 예레미야서 본문

사해문서의 발견을 통해서 예레미야서 본문의 전승사에 관한, 그리고 ―비록 그 수는 훨씬 적지만― 예레미야서처럼 마소라 본문과 칠십인역 사이에 상당한 차이를 보이고 있는 사무엘서 본문에 관한 몇 가지 중요한 결론이 대두되었다. 프랭크 크로스는 사무엘서의 쿰란 파본들(4QSamuel[a]와 4QSamuel[b])을 연구하면서 이 사본들이 칠십인역을 뒷받침하고 있음을 알게 되었는데, 이 경우 칠십인역이 마소라 본문보다 훨씬 더 길다. 오히려 짧은 마소라 본문의 사무엘서에는 중자탈락이 광범위하게 나타나고 있다.[24] 이렇듯 좀 더 긴 칠십인역의 사무엘서가 마소라 본문보다 더

---

23) T. K. Cheyne, *Jeremiah*, I, PC(London: Kegan, Paul, Trench & Co., 1883), xvii; and S. R. Driver, "The Double Text of Jeremiah," *The Expositor*, 3rd Series 9(1889), 333-336을 보라.

24) Frank M. Cross, "The History of the Biblical Text in the Light of Discoveries in the Judean Desert," *HTR* 57(1964), 284-90; P. Kyle McCarter, I *Samuel*, AB, 8(Garden City, NY: Doubleday, 1980), 5-8.

원본에 가깝다는 크로스의 연구는 벨하우젠의 초기 관점을 존중해야 할 새로운 이유를 제시하였고, 이 관점은 오늘날까지 일반적으로 수용되고 있다.

예레미야서 본문에 대한 새로운 연구 과제는 크로스의 제자인 제럴드 잰즌에게 넘겨졌다. 사해 두루마리 가운데 짧은 칠십인역 예레미야를 지지하는 히브리어 본문, 즉 4QJer^b^가 발견된 것은 비록 그것이 예레미야 9:22[영어 성서 9:23]-10:18만을 포함하는 아주 작은 파편임에도 불구하고 상당한 의미를 지닌다. 잰즌은 짧은 본문인 칠십인역이 축약본이 아니며, 이집트에 현존하던 비슷한 길이의 짧은 히브리어 본문이 그곳에서 헬라어로 번역되었다는 주장을 제기했다. 성서 본문의 기원과 역사에 관하여 크로스의 이론[25]에 근거한 이 관점은 현재 광범위하게 수용되고 있다. 크로스는 원-마소라 본문은 바빌론에서, 원-칠십인역은 이집트에서 기원한 것으로 보았다.

그러나 짧은 4QJer^b^가 칠십인역 예레미야서와 더불어 좀 더 원형에 가까운 본문이라고 말할 수는 없다. 사무엘서의 경우에 칠십인역이 마소라 본문보다 원형에 더 가깝다는 크로스의 견해는 옳다. 사무엘서의 마소라 본문은 생략 오기로 인해 상당 부분의 손실이 입증되고 있기 때문이다. 그러나 예레미야 9:22[영어 성서 9:23]-10:18을 포함하는 4QJer^b^의 작은 파편을 '예레미야의 짧은, 최상의 본문'이라고 한 그의 비평[26]은 빗나갔다. 이 본문은 어떤 면에서도 '최상의' 본문이 아니며, 오히려 칠십인역의 9:22[영어 성서 9:23]-10:18과 같이 변형된 본문에 해당되었다.

---

25) Cross, "The History of the Biblical Text"; "The Evolution of a Theory of Local Texts," in Frank M. Cross and Shemaryahu Talmon(eds.), *Qumran and the History of the Biblical Text*(Cambridge, MA: Harvard University Press, 1975), 309.

26) Cross, "The History of the Biblical Text," 298; *The Ancient Library of Qumran*, 3rd edn.(Sheffield: Sheffield Academic Press, 1995), 181.

4QJer[b]나 칠십인역 모두 10:4 이후부터는 매우 혼란스러우며, 오히려 마소라 본문의 10:1-10이 짧은 판본들보다 시적으로, 구조적으로, 일관성의 측면에서 훨씬 더 낫다는 사실이 점점 더 동의를 얻고 있다.[27] 심지어 마소라 본문을 지지하지 않는 코닐마저도 이 부분의 칠십인역은 '매우 변형되고 훼손된 상태'에 있다고 말했다.

크로스는 잰즌의 학위 논문에 근거하여 자신의 결론을 내리면서, 마소라 본문의 예레미야서는 확장주의자 경향에 의해 방대하게 추가된 것'이며, '좀 더 짧은 본문은 쿰란 문서와 칠십인역에 잘 보존되어 있다'는 잰즌의 말을 인용한다.[28] 잰즌이 내린 두 가지 주장은 모두 옳지 않다. 그러나 잰즌의 논문이 예레미야서의 본문 연구에 공헌한 바가 크기에, 나는 단순히 마소라 본문과 칠십인역에 대한 그와 다른 학자들의 일반적인 주장을 반대하려는 것이 아니다. 다만 중자탈락으로 인한 칠십인역의 생략에 대하여 그의 연구가 충분하지 않았음을 말하려 한다.

잰즌은 '중자탈락'을 가장 일반적인 필사 오류[29]로 보면서, 칠십인역의 예레미야에서 중자탈락으로 볼 수 있는 63개의 사례를 정리했다.[30] 몇 가지의 중자탈락은 히브리어 본문의 전승 과정에서 이미 발생한 것이었다. 그는 '빈번한 중자탈락의 발생'은 누락된 것을 알지 못한 채 교정 없이 전수했던 이집트 칠십인역의 소극적인 전달 과정 때문이었다.[31] 그러므로 잰즌은 좀 더 짧은 것이 항상 더 나은 본문이라고 생각하지는 않았다. 더불어 예레미야 본문의 복잡한 역사를 인지하면서, 한 가지 이상의

27) Jack R. Lundbom, *Jeremiah 1-20*, AB, 21A(New York: Doubleday, 1999), 580-582.
28) Cross, "The History of the Biblical Text," 287 n. 28.
29) Janzen, *Studies in the Text of Jeremiah*, 9.
30) *Ibid.*, 117-119.
31) Janzen, "Double Readings in the Text of Jeremiah," *HTR* 60(1967), 446-447; *Studies in the Text of Jeremiah*, 120.

경향들이 작동하고 있다고 보았던 히치히, 기제브레히트, 루돌프와 다른 학자들의 전통에도 어느 정도 관심을 두었다. 그렇지만 결국 잰즌은 마소라 본문의 예레미야가 추가적으로 확장되었다는 수많은 학자의 입장으로 기울었다. 그는 마소라 본문의 융합과 추가 사례가 필사자의 실수로 인한 칠십인역의 생략 횟수보다 '훨씬 빈번하다'고 말했다.[32] 잰즌은 또한 4QJer^{b}가 예레미야 10:1–10의 칠십인역을 지지하므로, 칠십인역에 근거하여 히브리어 판본을 추적하는 방법이 타당하다고 생각했다.[33] 결국 잰즌은 예레미야의 다른 부분 혹은 히브리 성서의 다른 곳들에 나오는 단어와 어구들을 수집하면서, 마소라 전승의 서기관들이 이미 수식이 많은 예레미야의 산문에 더 많은 수식어를 추가했다고 보는 주석가들의 견해를 따랐다.

고대 본문들이 시대를 지나면서 확장되었다는 견해를 증명하기 위해서, 잰즌은 고대 동방의 서기관과 편찬자들이 '빼기보다는 더하는 속성'[34]을 가지고 있었다는, 1940년의 올브라이트의 언급을 인용하였다.[35] 잰즌은 '헬라어 구약에서는 일반적으로 나타나지 않는 축약의 경향'[36]에 대해 언급한다. 이것이 맞다면, 칠십인역의 예레미야서가 히브리어 판본의 축약본일 개연성은 낮다. 따라서 칠십인역은 이집트에 존재하는 짧은 히브리어 본문을 번역한 것이 된다. 그렇지만 올브라이트의 초기 진술은 서기관의 실수 문제를 간과했다. 그 이후에 올브라이트는 서기관들의 생략에 대해서 특별하게 언급했지만, 큰 주목을 받지 못했다. "필사자들의 첨가보다는 누락이 고대에 편집된 히브리어 본문에 훨씬 더 많았다는 증거들

---

32) Janzen, *Studies in the Text of Jeremiah*, 9.

33) *Ibid.*, 7.

34) W. F. Albright, *From the Stone Age to Christianity*(Baltimore: The Johns Hopkins Press, 1940), 46.

35) Janzen, *Studies in the Text of Jeremiah*, 9, 191–192.

36) *Ibid.*

이 쿰란 두루마리로부터 점점 더 입증되고 있다"[37]라고 올브라이트는 말하였다. 이미 언급한 것처럼 잰즌은 칠십인역 예레미야서에서 기제브레히트나 루돌프보다 훨씬 많은 63개의 중자탈락 사례를 인용했는데, 첫눈에 이것은 상당히 많아 보인다. 잰즌은 그의 주요 관심사인 무화변형(無化變形, 잰즌이 누락이나 생략된 변형을 표현하는 말 — 역자 주)[38]에 대하여 그것이 중자탈락에 의한 누락인지를 검증하는 차원에서, 모든 변형의 사례를 검토했어야 했다. 그러나 분명 잰즌은 그렇게 하지 않았다. 실상 칠십인역의 63개의 중자탈락은 예레미야서에서 논쟁할 만한 수에 미치지 못했다.

짧은 히브리어 본문에 나오는 중자탈락

나는 앵커 바이블 시리즈의 『예레미야』 주석[39]에서 칠십인역에서 중자탈락으로 볼 수 있을 330개의 사례를 제시했는데, 그 대부분은 유사문두(*Homoeoarcton*) 혹은 유사문미(*homoeoteluton*)[40]로 인한 것이었다. 330개의 사례는 잰즌이 제시한 63개의 사례 중 56개와 274개의 또 다른 예를 포함한다. 330개의 중자탈락이 있다는 것은 1,715개의 히브리어 단어가 손실되었음을 의미한다. 앞서 언급했듯이 그라프[41]는 예레미야서에서 칠십인역이 마소라 텍스트보다 2,700개의 단어가 부족하다고 진술하

---

37) Albright, "Some Remarks on the Song of Moses in Deuteronomy xxxii," *VT* 9(1959), 341.

38) Janzen, *Studies in the Text of Jeremiah*, 8.

39) Lundbom, *Jeremiah 21-36*, AB, 21B(New York: Doubleday, 2004); *Jeremiah 37-52*, AB, 21C(New York: Doubleday, 2004).

40) Lundbom, "Haplography in the Hebrew *Vorlage* of LXX Jeremiah," *Hebst* 46 (2005), 301-320.

41) *Der Prophet Jeremia*, xliii.

였는데, 그중 중자탈락이 전체의 절반을 훨씬 넘는다(64%). 이것이 마소라 본문과 칠십인역의 길이의 차이를 완벽하게 설명해 주지는 않지만, 본문 전승 과정이 실제로 어떻게 되었는지에 대해 진전된 시사점을 던져준다. 칠십인역의 번역자(들)는 손상된 히브리어 판본을 가지고 있었던 것이다. 다시 말해서, 그들은 '잘못된 히브리어 성서'를 번역한 것이다. 우리가 전수받은 예레미야 본문은 바빌론의 바쁜 서기관들에 의해 확장된 원-마소라 본문이 아니라, 이집트의 조심성 없고 부주의한 서기관들에 의해 손상된 원-칠십인역이다. 그렇게 광범위하게 발생한 필사 오류의 원인을 찾아내기는 어렵다. 예레미야의 시와 산문은 문학적으로 반복과 요약(*accumulatio*)으로 가득하다. 산문은 특별히 두 개, 세 개, 네 개의 명사가 중첩되어 있고, 좀 더 긴 구절들은 평행하게 균형을 이룬다. 이런 중첩된 문구를 지닌 유형의 담화에서는, 반복과 요약이 드물거나 전혀 없는 담화들에서보다 중자탈락이 훨씬 더 많이 발생한다.

필사 오류의 상당수는 칠십인역으로 번역된 히브리어 판본에서 발생한 것이다. 즉, 축약은 본문이 헬라어로 번역되기 이전, 히브리어본에서 일어난 것이다. 나는 예레미야 주석을 쓰면서 헬라어 내부의 중자탈락 사례는 몇 개만 제시했는데, 이러한 유형의 중자탈락을 찾으려는 공동 작업을 통해서 추가 사례들을 확보해야 할 것이다. 쌍으로 되어 있는 본문이 칠십인역에서 누락되는 경우, 한 쌍의 두 번째 부분이 누락되는 경향이 있다. 칠십인역의 누락과 완벽한 생략이 원-칠십인역의 축약으로 인한 것인지, 아니면 원-마소라 본문의 확장으로 인한 것인지를 답하는 것은 미해결의 문제로 남아 있다. 고대 본문이 축약보다는 확장의 경향이 있다는 것이 사실이라면, 어떤 경우든 축약이 일어났을 가능성은 적어 보인다. 그러나 예레미야서 전체를 연구한 끝에 내가 내린 결론 중 하나는, 마소라 본문에는 반복적으로 나타나지만 칠십인역에는 없는 내용들이 종종 그 내용을 포함하고 있는 담화나 담화 모음집에서 필수적인 부분이라는 것이다. 그것들은 예언자 신탁에 구조를 부여하고, 담화 단락들 사이를 연결하는 반복어를 제공한다. 만약 그러한 부분들이 제거된다면 예레미야서의 수사학과 구성이 위태롭게 된다. 이것을 보면서 나는 칠십인역의 예레미야서가 마치 현대의 일부 비평 학자들처럼 반복에 대해 분명한 혐오감을 드러낸다고 믿게 되었는데, 이러한 사실은 더 긴 예레미야 본문을 선택해야 하는 또 다른 이유가 된다.

좀 더 긴 마소라 본문의 예레미야서를 선호하는 입장에 서면 고대 권위자들의 말과 고대 본문의 증거들을 조화시킬 수 있다. 4QJer[b]를 제외하면, 좀 더 짧은 예레미야 본문에 대한 고대의 증거로는 칠십인역이 유일하다. 오리게네스의 헥사플라, 아퀼라, 심마쿠스, 테오도치온, 루키안, 탈굼 요나단, 시리아, 불가타 같은 다른 역본들은 일관되게 마소라 본문을 지지한다. 가장 오래된 쿰란 본문, 즉 기원전 200년경[42)]으로 거슬러 올라가는 쿰란 파본인 2QJer, 4QJer[a] 그리고 4QJer[c]는 모두 원-마소라 본문이다. 그리고 히에로니무스는 소수의 예외를 제외하고는 그의 주석에서 히브리어 본문을 따른다. 우리는 또한 어느 시점부터 랍비들이 좀 더 긴 본문을 선호하여 짧은 본문을 거절했다는 사실과, 이러한 선택이 라쉬, 킴히, 그리고 다른 중세 유대교 학자들의 주석서들에 반영되어 있음을 잊지 말아야 한다. 그러므로 고대에 예레미야서의 히브리어 본문은 유대인과 그리스도인 모두가 확실히 선호했던 본문이다. 좀 더 짧은 헬라어 본문이 더 나은 본문이라고 생각했던 것은 모퍼스를 비롯한 19세기의 독일 학자들뿐이었다.

『비블리아 헤브라이카』에 대하여 마지막으로 한마디 하자면, 루돌프 키텔이 *BH*[1]의 '예레미야서' 편집자였고, 빌헬름 루돌프는 *BH*[3]과 *BHS*의 '예레미야서' 편집자였다. 루돌프는 예레미야서의 본문 비교에서 중도적이고 합리적이었으며, 20세기 중반의 합의된 입장을 대변하는 학자로서, 마소라 본문이 칠십인역보다 긴 것은 그것이 추가된 본문을 보존하고 있

42) Cross, "The Evolution of a Theory of Local Texts," 308.

기 때문이라는 일반적인 가정을 주장했다. 『비블리아 헤브라이카』의 본문비평 장치에 그가 논평을 한 내용들과 논평하지 않은 내용들을 보면 이러한 점이 분명하다. 이는 결과적으로 예레미야서 연구의 방향에 영향을 끼쳤다. 본문비평 장치에서 칠십인역의 누락 사례 중 몇 가지는 독자들을 오도할 수 있는 방식으로 보도되며, 더 많은 사례는 전혀 언급되지도 않았다. 누락 사례들을 언급하는 경우조차 대부분 논평 없이 사례만 제시한다. 논평이 제공된 경우에도 대개는 해당 부분을 삭제하라고 제안한다. 칠십인역에서 누락된 부분이 중자탈락 때문이라고 밝히는 경우는 상대적으로 적다.

나는 칠십인역에서 논쟁의 여지가 있는 330개의 중자탈락의 사례를 다른 논문[43]에서 제시하였다. 『비블리아 헤브라이카』에 언급된 사례도 있고, 그렇지 않은 것도 있다. 요약하면 다음과 같다.

1. *BHS* 편집자는 내가 찾은 330개의 사례 중에서 152개를 논평 없이 언급한다. 본문비평 장치는 이 사례들에 대해서 단순히 칠십인역(𝔊)으로 읽을 것을 제안한다.
2. *BHS* 편집자는 330개의 사례 중 53개에 대해서 삭제를 권하거나, 삭제의 가능성을 묻거나, 마소라 본문이 확장된 것이라고 말하거나, 그렇게 암시하거나, 혹은 더 짧은 칠십인역이 옳다고 단언한다. 더 긴 마소라 본문에 대해서는 실수로 인한 중복표기이거나 반복이라고 말한다. 그리고 이보다 더 많은 사례에서 다른 성서 본문들의 단어가 기입됨으로 확장된 것이라고 말한다.
3. *BHS* 편집자는 330개의 예 중 11개에 대해서 누락이라고 기록하지만, 실제로는 다르게 본다.
4. *BHS* 편집자는 7개의 사례에서 마소라 본문이 변형된 것이라고 시사

43) Lundbom, "Haplography in the Hebrew *Vorlage* of LXX Jeremiah."

하거나 결론짓고 있으며, 수정이나 재배치를 권유한다.

5. *BHS* 편집자는 330개의 예 중 13개에서 칠십인역이 중자탈락, 유사문두 혹은 유사문미 때문에 생략되었다고 말한다.
6. *BHS* 편집자는 16개의 예에서 칠십인역의 누락을 인식하지 못한 채 불완전하거나 다른 방식으로 칠십인역 읽기를 제안한다.
7. *BHS* 편집자는 9개의 사례에서 칠십인역이 누락한 부분들을 인식하지 못했다. 그러면서도 마소라 본문을 덧붙여진 것으로 보거나, 마소라 본문이 덧붙여진 것이 아닌지 의심하거나, 그렇지 않으면 해당 부분을 다른 본문과 비교할 것을 권유함으로써 마소라 본문이 덧붙여진 것이라는 암시를 주고 있다.
8. *BHS* 편집자는 69개의 사례에서 칠십인역의 누락을 전혀 언급하지 않는다.

이러한 통계는 두 가지 측면에서 전적으로 중요하다. 첫째로, 『비블리아 헤브라이카』의 예레미야서 본문비평 장치가 칠십인역의 누락 본문들의 상당수를 언급하지 못한다는 것이다. 여기 열거한 69개는 중자탈락으로 인한 누락임을 논증할 수 있는 사례이지만, 이외에도 본문 누락의 다른 예들이 존재한다. 전체적인 그림을 보기 위해서는 『비블리아 헤브라이카』의 본문비평 장치가 불완전하고 때때로 부정확하다는 점을 감안하여 예레미야서 전체에 걸쳐 마소라 본문과 칠십인역 본문을 대조해 가면서 읽어야 한다.

둘째로, 『비블리아 헤브라이카』 편집자들의 자료 해석을 보면, 마소라 본문은 덧붙여진 본문이고 더 짧은 칠십인역이 더 좋고 원본일 가능성이 크다는 의견을 분명하게 가지고 있다는 것이다. 예레미야서에서 논란의 여지는 있지만, 중자탈락으로 볼 만한 330개의 사례를 나는 찾았지만, *BHS*는 단지 13개만을 중자탈락의 사례로 확인한다. 이것은 의심할 여지없이 *BHS* 편집자들이 본문을 있는 그대로 보았다는 것을 말한다. 물론

이 경우는 실제로 본문에 없는 것, 즉 누락 부분을 보지 않으려 했다고 말할 수 있다. 결과적으로 그들은 지배적인 학문적 경향으로 자료들을 잘못 해석하였다.

2장

예레미야서에 나타난 기초적 논리학

고대 그리스인들의 논리학

아리스토텔레스와 삼단논법

오늘날, 그리고 오랜 세월 동안 논리학은 고대 그리스인들, 특히 『분석론 전서 I』[1]에서 삼단논법 추론을 하나의 체계로 발전시킨 아리스토텔레스(기원전 384-322)의 빛을 지고 있다. 아리스토텔레스가 이 논리에 붙인 이름은 '분석론'(analytics)이다. 이 논리의 핵심은 삼단논법인데, 그는 '특정한 가정들이 전제될 때, 가정된 것과 다른 무언가가 필연적으로 가정된 전제를 따라가는 단어들의 형식'으로 삼단논법을 정의했다.[2] 아리

1) Aristotle, *Prior Analytics*, I–II, trans. Hugh Tredennick, LCL(Cambridge, MA: Harvard University Press, 1962); Ernst Kapp, *Greek Foundations of Traditional Logic*(New York: Columbia University Press, 1942), vi, 60–74; Czeslaw Lejewski, "Ancient Logic," in Paul Edwards(ed.), *The Encyclopedia of Philosophy*, 4, 513–516; G. B. Kereferd, "Aristotle," in *EncPhil*, 1, 151–162.

2) *Prior Analytics*, I, i 24b; Cf. *Topics*, I, trans. E. S. Forster, LCL(Cambridge, MA: Harvard University Press, 1966), i 100a; The '*Art*' *of Rhetoric*, I, trans. John Henry Fresse, LCL(Cambridge, MA: Harvard University Press, 1967), ii 1356b.

스토텔레스의 삼단논법은 연역적 논증으로서, '만약 α이고 β라면, 그러므로 γ이다'라는 '~하면 ~하다'의 기본 구조를 지닌 명제이다. 삼단논법은 전형적으로 두 개의 전제(대전제와 소전제)와 결론이라는 세 개의 범주로 구성된다. 대전제는 일반적으로 전제된 신념이고, 소전제는 특정하게 공유된 신념 혹은 관찰이며, 결론은 전제들의 용어들로부터 필연적으로 추론되는 것이다.[3)]

아리스토텔레스의 선구자들은 기원전 5세기와 4세기 무렵 그리스의 수학자와 수사학자, 철학자들이었다. 수학자들은 그들의 정리를 증명해야 했고, 수사학자와 철학자들은 다른 수사학자와 철학자들의 주장을 반박하기 위한 방법을 발전시켜야 했다.[4)] 각각의 수사학자와 철학자들은 반대자들의 견해를 잠정적으로 수용한 다음 그것이 모순된 결과로 유도됨을 입증함으로써, 반대자들의 의견을 반박했다. 엘레아의 제노(기원전 490년경)는 선구자 중 한 사람으로서, 아리스토텔레스는 그를 변증법의 창시자로 보았다. 또 다른 선구자는 그리스 전체에서 가장 유명한 논증의 전문가로 칭송받았던 소크라테스(기원전 470-399)이다. 아리스토텔레스의 선구자들 중에는 프로타고라스(기원전 490-421)와 프로디쿠스(기원전 460-399)와 같은 소피스트도 있었는데, 그들은 올바른 단어 사용에 관심을 둔 자들이었다. 아리스토텔레스는 기원전 367년에 플라톤(기원전 428-347)의 아테네 아카데미에 입학하여 플라톤으로부터 큰 영향을 받았으며, 이를 통해 플라톤의 철학 이론들을 실제적으로 적용하게 되었다.

아리스토텔레스와 생략삼단논법

아리스토텔레스는 연역적 논리를 수사학 연구에 도입했는데, 그는 특

3) Christopher Johnstone, "Enthymeme," in Thomas O. Sloan(ed.), *Encyclopedia of Rhetoric*(Oxford: Oxford University Press, 2001), 248.
4) Lejewski, "Ancient Logic," 513-514.

정한 유형의 삼단논법을 '생략삼단논법'(enthymeme)[5]이라 불렀다. 이 용어는 이전 시대와 동시대 작가인 이소크라테스(기원전 436-338)와 람파스코스의 아낙시메네스(기원전 380-320년경)가 이미 사용했던 것이다.[6] 아리스토텔레스는 '수사학적인 증명이란 생략삼단논법이며, 이것은 일반적으로 말해서 가장 강력한 수사학적인 증명이다'라고 말했다.[7] 그는 생략삼단논법을 '수사학적 삼단논법'[8]이라고 불렀는데, 여기에서 청중은 전제를 스스로 생각할 수 있기 때문에 한 개의 전제는 생략된다.[9] 생략삼단논법의 일례를 들어보면, '모든 사람은 죽는다'라는 전제로부터 '소크라테스는 죽는다'라는 추론이 유추된다. 여기에서 '소크라테스는 사람이다'라는 소전제가 생략되었다.

고대 이스라엘의 논증

그리스와 로마의 위대한 고전 문화의 배후를 조사하여 그 이전 시대의 논리적, 수사학적인 논증들을 발굴하는 것은 익숙한 작업이 아니다. 그래서 우리는 그리스의 수학자와 철학자들 그리고 그 다음 시대의 로마 수사학자들이 논리학과 수사학의 논증들을 만들고 발전시켰다는 생각을 선호한다. 이것은 아마도 당연한 일일 것이다. 결국 아리스토텔레스가 우리에게 남겨준 논리학과 수사학에 대한 조직적인 논의들과 『헤레니우스를 위한 수사학』과 퀸틸리안의 『요약본』과 같은 수사학 핸드북에 나오는

---

5) Johnstone, "Enthymeme," 247-250; Thomas M. Conley, "The Enthymeme in Perspective," *QJS* 70(1984), 168-187.
6) Conley, "The Enthymeme in Perspective," 172-174.
7) Aristotle, *Rhetoric*, I, i 1355a.
8) *Ibid.*, I, ii 1356b.
9) *Ibid.*, I, ii 1357a; II, xxii 1395b.

논증의 형태와 방식에 대한 논의들을 고대의 어느 곳에서 찾을 수 있겠는가? 그러나 그리스나 로마와 전혀 다른 지역에 살면서 이들의 고전 세계관보다 훨씬 더 오래되고 다른 세계관을 가지고 있던 고대 근동 사람들이 어떻게 논증을 이해하고 있었는지를 살펴보는 것도 정당한 일일 것이다.

고대 이스라엘로부터 전해오는 유일한 실제 담론인 구약성서를 주의 깊게 살펴보면 우리가 사용할 수 있는 논증을 몇 가지 발견하게 된다. 예를 들면, 예레미야는 연역적인 논증 방식인 조건절-귀결절 형식, 즉 '만일 ~이라면 ~할 것이다'(if~then)의 형태를 사용한다.[10] 몇 가지 예를 들어보자.

> 여호와께서 이르시되 이스라엘아
> 네가 **돌아오려거든** 내게로 돌아오라
> 네가 **만일** 나의 목전에서 가증한 것을 버리고 네가 흔들리지 아니하며
> 진실과 정의와 공의로 여호와의 삶을 두고 **맹세하면**
> 나라들이 나로 말미암아 스스로 복을 빌며 나로 말미암아 **자랑하리라**(렘 4:1-2).

> 이 법도가 내 앞에서 폐할**진대**
> 이스라엘 자손도 내 앞에서 끊어져 영원히 나라가 되지 **못하리라**
> 여호와의 말씀이니라(렘 31:36).

> 여호와께서 이와 같이 말씀하시니라
> 위에 있는 하늘을 측량할 수 있으며 밑에 있는 땅의 기초를 탐지할 수 **있다면**

---

10) Lundbom, *Jeremiah 1-20*, 130, 325-326; *Jeremiah 21-36*, 486-487; *Jeremiah 37-52*, 587, 593.

내가 이스라엘 자손이 행한 모든 일로 말미암아 그들을 다 **버리리라**
여호와의 말씀이니라(렘 31:37).

이 논증은 예레미야 12:16-17, 33:20-21, 33:25-26, 그리고 신명기 28:1과 15절과 같이 다른 곳에서도 나타난다.

예레미야서에는 작은 것으로부터 시작해서 점점 더 큰 것으로 진행하는 점층법(*a fortiori*, 혹은 *a minori ad maius*. 히브리어로는 *qal vechomer*)도 나타난다.[11] 이 논증은 '얼마나 더 ~하겠는가'라는 형태로 쓰인다.

만일 네가 보행자와 함께 달려도 **피곤하면**
어찌 능히 말과 경주하겠느냐
네가 평안한 땅에서는 무사하려니와
요단 강 물이 넘칠 때에는 **어찌하겠느냐**(렘 12:5).

여호와께서 이와 같이 말씀하시니라
보라 술잔을 마시는 습관이 없는 자도 반드시 **마시겠거든**
네가 형벌을 온전히 **면하겠느냐**(렘 49:12).

예레미야 3:1과 25:29도 참조하라.[12]

예레미야는 논증할 때에 수사학적 질문을 특히 많이 사용한다.[13] 수사학적 질문을 하나 던지거나, 때로는 한 쌍의 수사학적 질문을 던지는데, 이것은 자신이 의도하는 중요한 진술들을 좀 더 돋보이게 하려는 것이다. 수사학적 질문은 두 가지 논증의 유형으로 나타난다. 그 첫 번째 유

---

11) *Ibid.*, 130, 646; *Jeremiah 37-52*, 336, 586.
12) *Ibid.*, 301.
13) *Ibid.*, 130-132.

형은 다음과 같다. 먼저 한 가지 혹은 이중 질문을 통해서 어떤 모범적인 행동이나 일상적인 일들, 혹은 자연 질서에 따른 현상들을 부각시킨다. 그 후에 예언자는 이와 대조되는 인간의 추행을 묘사한다. 몇 가지 예를 들어보자.

어느 나라가 그들의 신들을
신 아닌 것과 바꾼 일이 있느냐
그러나 나의 백성은 그의 영광을
무익한 것과 바꾸었도다(렘 2:11).

처녀가 어찌 그의 패물을 잊겠느냐
신부가 어찌 그의 예복을 잊겠느냐
오직 내 백성은 나를 잊었나니
그 날 수는 셀 수 없거늘(렘 2:32).

예레미야 5:22a, 5:23, 18:14-15를 참조하고, 다소 다른 사례인 예레미야 13:23을 보라.

수사학적 질문을 사용한 두 번째 논증 유형은 '~였는데, ~였는데, 도대체 왜 ~하느냐?'(If … if … so why?)라는 삼중 질문의 형태로서, 예레미야서에서 아홉 번 사용된다. 앞에 나오는 두 개의 질문은 고통스러운 울분을 표현하는 세 번째 질문을 부각하려는 것이다. 이 울분은 종종 예레미야가 관찰해 왔던 부조화에서 기인한다. 몇 가지 예를 들어보자.

내가 이스라엘에게 광야가 되었었느냐
캄캄한 땅이 되었었느냐
무슨 이유로 내 백성이 말하기를
우리는 놓였으니 다시 주께로 가지 아니하겠다 하느냐(렘 2:31).

사람이 엎드러지면 어찌 일어나지 아니하겠으며
사람이 떠나갔으면 어찌 돌아오지 아니하겠느냐
이 예루살렘 백성이 항상 나를 떠나 물러감은 어찌함이냐(렘 8:4-5a).

예레미야 2:14(축소된 형태), 8:19, 8:22, 14:19, 22:28, 30:6(수정된 형태), 49:1 등을 참조하라.

예레미야는 고전 수사학의 핸드북에 사용된 논쟁들과는 다른 것들도 사용한다. 예를 들면 양보(*epitrope*, 렘 26:14), 기술(*descriptio*, 렘 26:15), 그리고 구별(*distributio*, 렘 28:8-9) 등이다.[14]

예언자의 설교에 사용된 생략삼단논법

히브리 예언자인 예레미야의 설교에서 생략삼단논법을 발견한다는 것은 다소 놀라운 일이다.[15] 기원전 8세기부터 6세기의 거의 모든 예언자의 설교를 신명기의 설교 수사학과 대조해 보면 즉각적으로 분명하게 드러나는 사실이 있다. 계약을 위반한 이스라엘이 벌을 받게 될 것이라는 신명기의 메시지는 생략된 상태에서, 예언자들은 바로 고발(계약의 파괴)과 심판(징벌의 도래)을 선포했다. 이러한 설교를 다시 완전한 삼단논법으로 재구성하려면, 여기에 신명기의 메시지를 더해야 한다.

[신명기: 이스라엘이 계약을 파기한다면 징벌을 받을 것이다.]
예언자들: 이스라엘은 계약을 파괴했다.
그러므로 이스라엘은 징벌을 받을 것이다.

---

14) Lundbom, *Jeremiah 1-20*, 133; *Jeremiah 21-36*, 292-293, 334-335.
15) Lundbom, "Hebrew Rhetoric," in *EncRhet*, 326.

예언을 듣는 사람들이 생략된 전제를 스스로 보충하여 듣기 때문에 전제는 굳이 언급되지 않았다. 아리스토텔레스가 간파했듯이, 군중은 논증의 모든 단계를 요구하지 않으며, 모든 추가된 단어를 다 듣고 싶어 하지도 않기 때문에, 군중을 설득하려고 나선 연설가들, 심지어 가장 무지한 연설가조차도 생략삼단논법을 사용하면서 성공적인 결과를 얻을 수 있었다.[16] 예언자들은 군중에게 연설을 하는 일이 많았기 때문에 그들 역시 생략삼단논법을 이용하여 예언을 더 잘 전달할 수 있었다.

이 시점에서 신명기가 어느 시대에 속하는지를 질문해야 할 것이다. 신명기가 기원전 7세기 문서라는 점은 전반적인 합의를 얻고 있다. 그럼에도 많은 사람이 신명기가 이스라엘의 전통을 구현하고 있다고 생각하며, 그 전통의 연대를 적어도 기원전 8세기 또는 그 이전으로 소급한다. 내 생각에 신명기의 최초 판본(1-28장)은 기원전 712년에서 705년 사이로 추정되는 히스기야의 개혁과 관계되는 것 같다. 그리고 나는 이 핵심 문서가 북이스라엘에서 유래한 좀 더 오래된 자료를 포함한다는 사실에 동의한다. 그렇다면 조건적인 성향의 시내산 계약에 대한 설교는 아모스와 호세아 등 기원전 8세기의 예언자들로부터 나온 것이라고 볼 수 있다. 어쩌면 신명기는 이보다도 더 오래된 문서일 수도 있다. 그러나 신명기의 기원 문제는 신명기와 예언자들을 병렬적으로 비교해 보는 나의 현재 제안과 관련해서 그다지 중요한 문제는 아니다. 계약을 위반한 이스라엘이 징벌을 받게 될 것이라는 생각은 신명기 법전과 그와 관련된 설교들이 두루마리에 기록되기 훨씬 이전부터 이스라엘 역사에 언제나 있어 왔기 때문이다.

16) Aristotle, *Rhetoric*, II, xxii 1395b.

예레미야의 신탁 묶음들에 나타난 기초적 논리학

내가 이제 증명하려는 것은, 예레미야나 혹은 예레미야 신탁의 편찬자들이 논리학과 논증 전략에 대해 기초적인 지식을 가지고 있었다는 것이다. 이를 위해 신탁들을 선별하고 그것을 세 개의 묶음으로 모아서, 예레미야의 선포가 일반적인 원칙으로부터 시작하여 고발과 심판으로 진행된다는 점을 보여줄 것이다. 이것을 대전제, 소전제 그리고 결론으로 바꾸어 생각한다면, 우리는 아리스토텔레스가 훗날 하나의 체계로 발전시킨 삼단논법 추론의 초창기 형식을 보게 되는 것이다. 예레미야가 그의 설교에서 삼단논법 추론을 이해하며 활용했을 가능성을 배제할 필요는 없지만 이 시점에서 그것을 주장하려는 것은 아니다. 단지 예레미야 신탁들의 묶음을 주의 깊게 구분하고 검토하면서 히브리 논리학의 기초적인 형태를 볼 수 있다는 점을 말하려 한다. 이러한 발견은 수사학적 비평으로부터 상당한 도움을 받음으로, 좀 더 큰 단락 내부에서 시와 운문으로 된 예레미야 예언의 작은 신탁들을 구별해 내는 큰 발전을 이루었다.[17] 동시에 양식비평의 도움을 크게 받아, 메신저 공식들('야웨가 이렇게 말씀하신다'와 '야웨의 신탁이다')이 구별되고, 내용에 대한 좀 더 세심한 읽기는 물론 세투마(ס)와 페투하(פ)와 같은 히브리어 본문들의 구간 표시 부호들이 인식되었는데, 이 구간 표시 부호들은 사해 두루마리에서 용례가 발견됨으로써 이제는 상당히 오래된 것으로 인식되었다.[18] [세투마는 '닫힌

---

17) Lundbom, *Jeremiah 1-20*; *Jeremiah 21-36*; *Jeremiah 37-52.* 수사학비평의 우선 과제인 문서의 단락 구분 작업에 대해서, James Muilenburg, "Form Criticism ans Beyond," *JBL* 88(1969), 8-10을 보라.

18) Lundbom, *Jeremiah 1-20*, 63, 74; "Delimitation of Units in the Book of Jeremiah," in Raymond de Hoop et al.(eds.), *The Impact of Unit Delimitation on Exegesis*(Leiden: E. J. Brill, 2009), 146-174.

단락' 표시로 단락이 끝났음을 표시하는 부호이고, 페투하는 '열린 단락' 표시로 단락의 시작을 알리는 부호이다. — 역자 주]

성전 신탁들(렘 7:1-15)

이전 시대의 학자들은 예레미야 7:1-15a를 예레미야가 기원전 609년에 연설한 '성전 설교'로 보았는데, 이 설교의 요약이 배경 이야기와 함께 26장에서 다시 나타난다. 그러나 이 설교는 특히 3-7절과 12-14절 사이의 일관성 결여로 학자들을 곤란하게 만들었다.[19] 이 설교는 계약에 대한 순종의 요구로 시작된다. 백성들이 현재 행동을 바르게 하라는 말을 듣는 점에서는 신명기 설교와 다르다(3-7절). 여기에는 왕국이 심판을 피하고 백성들이 땅에 남게 될 것이라는 희망이 표현되어 있다. 그 다음으로는 그동안 범해 온 악행들에 대한 맹렬한 고발(8-11절)과 가차없는 심판의 말씀이 나온다. 심판을 선언하면서 예레미야는 이스라엘의 첫 성소인 실로처럼 예루살렘 성전이 폐허로 남게 될 것이라고 말한다(12-14절). 여기서 의문이 드는 점은, 백성들이 그들의 길과 행위들을 바르게 하여 심판을 피하라는 단 한 편의 설교를 들은 후에, 어떻게 곧바로 시내산 계약에 불순종했다는 혹독한 고발을 당하고, 그 고발보다 훨씬 더 혹독한 심판을 당할 수 있느냐는 것이다.

'설교'라는 용어는 부적절한 명칭이다. 왜냐하면 이것은 설교라고 보기에 지나치게 간결할 뿐만 아니라, 더더욱 중요한 것은 이 구절들이 통일된 구성체가 아니라 하나로 묶인 세 편의 독립 신탁이기 때문이다. 첫 번째 신탁은 3-7절, 두 번째 신탁은 8-11절, 세 번째 신탁은 12-14절이다. 세 개의 신탁은 각각 자체적인 통일성을 가지고 있는데, 비록 일관성의 오류를 완벽하게 배제할 수는 없으나 비교적 일관적이다. 첫 번째 신탁은 시내산 계약에 순종하여 행동을 올바르게 하는 사람들은 그 땅에서

---

19) Lundbom, *Jeremiah 1-20*, 458-459.

존속할 것이라는 원칙을 제시한다. 두 번째 신탁은 광범위한 계약의 파기를 고발한다. 세 번째 신탁은 혹독한 심판을 선포한다. 세 편의 신탁이 하나의 묶음으로 통합되면서, 그 내용이 일반적인 원칙에서 고발과 심판으로 진행된다.

세 편의 신탁의 경계는 (1) 구간 표시들, (2) 메신저 공식들(밑줄), (3) 수미상관(진한 글씨)으로 알려진 각각의 수사 장치들에 의해서 구분된다. 인용된 구간 표시들은 히브리 성서의 레닌그라드 사본(M^L)에 나오는 세 개의 세투마('ס') 휴지 부호이다. 알레포 사본(M^A)과 예언자들의 성 피터스버그 사본(M^P)에도 3절 앞에 첫 신탁의 시작을 표시하는 세투마가 나온다. 성 피터스버그 사본은 11절 뒤에 두 번째 신탁의 끝을 표시하는 세투마가 나온다. 그리고 알레포 사본과 성 피터스버그 사본은 15절 뒤에 더 큰 단위의 끝을 나타내는 페투하를 표시하고 있다. 4QJer[a] 역시 15절 뒤에 또 다른 구간이 나온다. 예레미야 7:1-15의 본문은 다음과 같이 세 편의 신탁으로 구분된다.

ס

첫 번째 신탁 3 만군의 여호와 이스라엘의 하나님께서 이와 같이 말씀
하시되 너희 길과 행위를 바르게 하라 그리하면 **내가 너
희로 이곳에 살게 하리라** 4 너희는 이것이 여호와의 성전
이라, 여호와의 성전이라, 여호와의 성전이라 하는 거짓
말을 믿지 말라 5 너희가 만일 길과 행위를 참으로 바르
게 하여 이웃들 사이에 정의를 행하며 6 이방인과 고아와
과부를 압제하지 아니하며 무죄한 자의 피를 이곳에서 흘
리지 아니하며 다른 신들 뒤를 따라 화를 자초하지 아니
하면 7 **내가 너희를 이곳에 살게 하리니** 곧 너희 조상에게
영원무궁토록 준 땅에니라.

두 번째 신탁 8 **보라** 너희가 무익한 거짓말을 의존하는도다 9 너희가
도둑질하며 살인하며 간음하며 거짓 맹세하며 바알에게
분향하며 너희가 알지 못하는 다른 신들을 따르면서 10
내 이름으로 일컬음을 받는 이 집에 들어와서 내 앞에 서
서 말하기를 우리가 구원을 얻었나이다 하느냐 이는 이
모든 가증한 일을 행하려 함이로다 11 내 이름으로 일컬
음을 받는 이 집이 너희 눈에는 도둑의 소굴로 보이느냐
보라 나 곧 내가 그것을 보았노라 여호와의 말씀이니라.

ס

세 번째 신탁 12 너희는 내가 처음으로 **내 이름을 둔 처소 실로**에 가서
내 백성 이스라엘의 악에 대하여 내가 어떻게 행하였는지
를 보라 13 여호와의 말씀이니라 이제 너희가 그 모든 일
을 행하였으며 내가 너희에게 말하되 새벽부터 부지런히
말하여도 듣지 아니하였고 너희를 불러도 대답하지 아니
하였느니라 14 그러므로 내가 **실로에** 행함 같이 너희가
신뢰하는 바 **내 이름으로 일컬음을 받는** 이 집 곧 너희와
너희 조상들에게 준 **이곳에** 행하겠고.

15 내가 너희 모든 형제 곧 에브라임 온 자손을 쫓아낸 것
같이 내 앞에서 너희를 쫓아내리라 하셨다 할지니라.

ס

각각의 신탁은 메신저 공식을 포함하고 있다. 첫 번째 신탁 앞에는 '만군의 야웨, 이스라엘의 하나님께서 이같이 말씀하시되'라는 수식어가

들어간 구절이 등장한다(3절). 두 번째 신탁은 '야웨의 말씀이니라'로 종결된다(11절). 세 번째 신탁은 중간 부분에 '야웨의 말씀이니라'가 나온다(13절). 만약 이 신탁들이 원래부터 하나의 묶음으로 선포되었다면, 메신저 형식이 이렇게 다른 지점에 배치된 것도 의도적일 것이다.

수사학적 형태를 보면 세 편의 신탁 모두 수미상관을 사용한다. 즉, 처음과 끝이 같은 단어로 연결되어 있다. 세 편의 신탁에서 반복된 단어 혹은 구절은 다음과 같다.

첫 번째 신탁	**내가 너희로 이곳에 살게 하리라…**		3절
	내가 너희를 이곳에 살게 하리니…		7절
두 번째 신탁	**보라**	*hinnēh*	8절
	보라	*hinnēh*	11절
세 번째 신탁	**처소 실로…**		12절
	실로에…	**이곳에…**	14절

세 번째 신탁의 수미상관을 보면 15절이 추후에 추가된 본문이라는 견해가 힘을 얻게 된다. 15절이 추가된 목적은 유다와 에브라임(=북이스라엘)을 비교하는 데 있다.

그러므로 예레미야 7:1-15는 도입(1-2절), 세 편의 독립 신탁(3-14절), 그리고 추가 구절(15절)로 구성된다. 첫 번째 신탁은 바로잡으라고 명령하기는 하지만(3절: 너의 길과 행위들을 선하게[=바르게] 하라), 요시야 개혁의 취지에 부합하여 신명기와 같이 설교한다. 두 번째 신탁은 계약을 어긴 것에 대한 신랄한 고발이며, 세 번째 신탁은 눈길을 사로잡는 심판에 관한 메시지이다.

이 메시지들을 삼단논법 논증으로 축약하면 다음과 같다.

대전제: 계약을 어기지 않는 백성은 땅에 남을 수 있다.

소전제: 이 백성은 비록 안심하고 있지만 계약을 어겼다.

결　론: 야웨는 (이 백성과) 이 땅을 황폐하게 할 것이다.

신탁들을 이렇게 묶어놓은 것은 편집자의 창작에 의한 것일 수 있다. 그러나 세 편의 신탁 모두를 예레미야 26:4-6에 나오는 요약판과 예레미야 26:13에 나오는 예레미야의 변론과 비교해 보라. 그러면 예레미야 26:4-6과 예레미야 26:13이 한 편의 신탁이 아니라 세 신탁 모두를 근거하고 있음을 알게 된다.[20] 그러므로 예레미야는 이 세 편의 신탁을 한자리에서 순서대로 선포하면서, 의도적으로 일반 원칙에서 특정한 위반으로, 그리고 심판으로 주제를 진행시켰을 것이다. 만약 이것이 사실이라면 우리는 예레미야의 설교에서 논리학의 기초를 발견하게 된다.

계약 신탁들(렘 11:1-13)

두 번째 사례로 일반적인 원칙으로부터 고발, 심판으로 전개되는 구조가 예레미야 11:1-13에서 나타난다. 본문은 산문으로 되어 있으며 계약 불순종에 대한 세 개의 독립된 신탁을 포함하고 있다. 더 큰 단위에서 보면 본문은 첫 번째 신탁의 도입부(1-3a절), 첫 번째 신탁의 본문(3b-5a절), 첫 번째 신탁에 대한 예레미야의 '아멘'(5b절), 두 번째 신탁의 도입부(6절), 두 번째 신탁의 본문(7-8절), 세 번째 신탁의 도입부(9-10절), 그리고 세 번째 신탁의 본문(11-13절)으로 구성된다.[21] 두 편의 신탁은 메신저 공식(밑줄)을 포함하며, 모든 신탁은 M^L의 구간 표시('ס' 그리고 'פ'로 표시함)를 통해 경계가 설정되어 있다. 세 편의 신탁은 다음과 같다.

---

20) Lundbom, *Jeremiah 1-20*, 454, 459.

21) *Ibid.*, 614-620.

פ

1–3a ……

첫 번째 신탁 3b 그들에게 이르기를 이스라엘의 하나님 여호와께서 이와 같이 말씀하시되 이 언약의 말을 따르지 않는 자는 저주를 받을 것이니라 4 이 언약은 내가 너희 조상들을 쇠풀무 애굽 땅에서 이끌어내던 날에 그들에게 명령한 것이라 곧 내가 이르기를 너희는 내 목소리를 순종하고 나의 모든 명령을 따라 행하라 그리하면 너희는 내 백성이 되겠고 나는 너희의 하나님이 되리라 5 내가 또 너희 조상들에게 한 맹세는 그들에게 젖과 꿀이 흐르는 땅을 주리라 한 언약을 이루리라 한 것인데 오늘이 그것을 증언하느니라.

……

ס

두 번째 신탁 7 내가 너희 조상들을 애굽 땅에서 인도하여 낸 날부터 오늘까지 간절히 경계하며 끊임없이 경계하기를 너희는 내 목소리를 순종하라 하였으나 8 그들이 순종하지 아니하며 귀를 기울이지도 아니하고 각각 그 악한 마음의 완악한 대로 행하였으므로 내가 그들에게 행하라 명령하였어도 그들이 행하지 아니한 이 언약의 모든 규정대로 그들에게 이루게 하였느니라 하라.[22)]

ס

……

ס

세 번째 신탁 11 그러므로 나 여호와가 이와 같이 말하노라 보라 내가
재앙을 그들에게 내리리니 그들이 피할 수 없을 것이라
그들이 내게 부르짖을지라도 내가 듣지 아니할 것인즉 12
유다 성읍들과 예루살렘 주민이 그 분향하는 신들에게 가
서 부르짖을지라도 그 신들이 그 고난 가운데에서 절대로
그들을 구원하지 못하리라 13 유다야 네 신들이 네 성읍
의 수와 같도다 너희가 예루살렘 거리의 수대로 그 수치스
러운 물건의 제단 곧 바알에게 분향하는 제단을 쌓았도다.

ס

다른 주요한 중세 사본들 역시 구간 표시를 통해 경계를 설정한다. 더 큰 단위의 시작과 세 번째 신탁의 끝을 나타내기 위해 M^A와 M^P는 1절 앞에 페투하를 표기한다. 13절 뒤에서 M^A는 세투마를 표기하고, M^P는 페투하를 표기한다. 두 번째 신탁의 시작을 나타내기 위해서 6절 앞에서 M^A는 페투하를 표기하며, M^P는 세투마를 표기한다. 두 번째 신탁의 끝을 표시하기 위해 8절 뒤에서 M^A는 세투마, M^P는 페투하를 표기한다. 세 번째 신탁의 시작을 나타내기 위해 11절 앞에서 M^A는 세투마, M^P는 페투하를 표

22) 이 신탁들은 마소라의 읽기를 따른다. 칠십인역은 좀 더 짧은 본문을 가지고 있다(Lundbom, *Jeremiah 1-20*, 618을 보라).

기한다.

첫 번째 신탁은 '이스라엘의 하나님 야웨께서 이와 같이 말씀하시되'라는 메신저 공식으로 시작되고, 세 번째 신탁은 '그러므로 나 야웨가 이와 같이 말하노라'라는 형식으로 시작된다. 두 번째 신탁에는 메신저 공식이 없다.

이 신탁들은 예레미야 7:3-14의 신탁들과 같이 수미상관 구조를 가지고 있지는 않지만, 단어들이 매우 균형 있게 배치되어 있고, 수사학적으로 작은 구조를 이루고 있다.[23] 3-4절과 7-8절, 10절에서 다음과 같은 어휘와 어법을 공유한다.

3절 이 언약의 말을 따르지 않는 자	8절 내가 명령하였어도 이 언약의 모든 규정대로 그들이 행하지 아니한	10절 그들이 내 말 듣기를 거절한
4절 내가 너희 조상들을 애굽 땅에서 이끌어내던 날에 그들에게 명령한 것 내 목소리를 순종하고 행하라	7절 너희 조상들을 애굽 땅에서 인도하여 낸 날부터 내 목소리를 순종하라 8절 그들이 순종하지 아니하며	10절 자기들의 선조(×2)

세 편의 신탁 모두 계약에 초점을 맞추고 있는데, 이 계약은 요시야 개혁(왕하 23장) 때 갱신된 시내산 계약이다. 첫 번째 신탁(3b-5a절)은 유다의 선조들에게 명령하신 계약의 말씀을 순종하지 않는 모든 자에게 저주를 선언한다. 그 뒤에는 야웨의 목소리를 듣고, 명령들을 행하라는 권고의 말이 나온다. 두 번째 신탁(7-8절)은 불순종의 결과로 징벌이 임하

23) Lundbom, *Jeremiah 1-20*, 615-619.

였다고 말하면서 계약 불복종에 대하여 유다의 선조들을 고발한다. 예레미야의 설명(9–10절) 다음으로 나오는 세 번째 신탁(11–13절)은 현 세대에게 심판을 선포한다. 예레미야의 설명에 의하면, 현 세대는 선조들의 죄악으로 되돌아가 '반역'에 연루되었고(9–10절), 현 세대는 선조들과 맺은 야웨의 계약을 파기했다(10b절).

이 신탁들과 편집적인 논평을 삼단논법으로 축소하면 대전제, 두 개의 소전제, 결론이 나온다.

대전제: 계약을 듣고 행하지 않는 자는 저주를 받을 것이다.
소전제: 선조들은 듣지 않았기 때문에 저주를 받았다.
소전제: 현 세대는 듣기를 거부하고 있다.
결　론: 현 세대는 저주를 받을 것이다.

이 신탁들에 대해서는 전반적으로 일관성의 문제가 제기되지 않았다. 그 이유는 7:1–15처럼 이 신탁은 한 편의 설교로 전제되지 않았기 때문이며, 또한 9–10절의 삽입된 산문은 고발을 현 세대에게 가져옴으로써 세 번째 신탁의 심판을 예비하기 때문이다. 이 설교는 계약을 듣지 않고 행하지 않는 모든 사람에 대한 일반적인 저주(첫 번째 신탁)로부터 계약을 파기한 과거와 현 세대들에 대한 고발(두 번째 신탁과 보충된 산문)로, 그리고 현 세대에 대한 심판(세 번째 신탁)으로 진행되는 분명한 흐름을 보여준다.

이 세 편의 신탁이 한 번에 연속적으로 선포되었을 가능성도 있다. 그러나 만약 그랬다면 이 신탁을 삼단논법으로 만들기 위해 무언가 편집자의 언급이 필요했을 것이다. 그렇지 않으면 이 논증은 현 세대가 야웨 계약의 순종을 거부하는 점에서 앞선 세대와 다름이 없다는 추정을 청중이 이미 하고 있다는 기대 위에서 구성된 생략삼단논법이라고 볼 수 있다. 어느 경우든 이 신탁들의 묶음은 편찬자의 보충 작업을 통해서 완전한 삼단논증이 된 것이므로 본문의 삼단논증은 편찬자의 것이다. 나는 주석서를 쓰면서 첫 번째 신탁과 두 번째 신탁은 요시야의 개혁 시대와 부합되는 것으로, 세 번째 신탁은 반역을 언급하는 것으로 보아 여호야김의 초기 통치 시대에 속한 것으로 해석하자고 제안한 바 있다.[24] 본문의 논증이 원래 생략삼단논법이었든지 아니면 완전한 삼단논법이었든지 간에, 또한 이 논증이 예레미야의 생각을 반영하든지 아니면 편찬자의 생각을 반영하든지, 혹은 양쪽 다이든지 간에, 그 어느 쪽이든지 현재의 본문은 일반적인 원칙에서 시작해서 원칙 파기의 구체적인 사례로, 그리고 심판으로 진행되는 뚜렷한 흐름을 보여주고 있으며, 이것은 예레미야의 설교에 기초적인 논리학이 나타난 또 다른 예라고 할 수 있다.

왕가에 대한 신탁(렘 21:11-14)

예루살렘 왕가를 향한 세 편의 신탁을 포함하는 예레미야 21:11-14는 일반적인 원칙에서 시작해서 고발로, 그리고 심판으로 가는 논리적인 진행을 보여주는 신탁 묶음의 세 번째 사례이다. 이 신탁들은 다른 신탁들과 달리 운문으로 되어 있다. 여기에서 더 큰 단위는 왕의 수집물과 첫 번째 신탁에 대한 도입부(11-12a절), 첫 번째 신탁의 본문(12b절), 두 번째 신탁의 본문(13절), 그리고 세 번째 신탁의 본문(14절)으로 구성된다.[25]

세 편의 신탁은 메신저 공식(밑줄)으로 경계가 설정되고, 좀 더 큰 단위의 시작과 끝에서 M^L의 구간 표시에 의해 부분적으로 구분된다. M^A와 M^P는 11절 앞에 세투마를 두고 있는데, 11절에서는 산문에서 운문으로 전환이 일어난다. 케임브리지 게니자 컬렉션(Cambridge Genizah Collection)이 보유하고 있는 사본은 12절 뒤에서 하나의 구간이 시작되는 것으로 보

---

24) Lundbom, *Jeremiah 1-20*, 626.

25) 13-14절은 많은 주석가가 추정하는 것처럼 하나의 신탁이 아니다. Lundbom, *Jeremiah 21-36*, 108 참조.

아 첫 번째 신탁과 두 번째 신탁을 분리한다.[26] M^L을 제외한 다른 어떤 중세 사본에서도 14절 이후에 새로운 구간이 나타나지 않지만 22:1부터 장이 바뀌면서 운문이 산문으로 전환된다. 21:12b-14에 나타난 세 편의 신탁은 다음과 같다.

ס

11-12a ……

첫 번째 신탁 12b 여호와께서 이와 같이 말씀하시니라
다윗의 집이여 너는 아침마다 정의롭게 판결하여
탈취당한 자를 압박자의 손에서 건지라
그리하지 아니하면 너희의 악행 때문에
내 분노가 불같이 일어나서 사르리니 능히 끌 자가 없으리라.

두 번째 신탁 13 여호와의 말씀이니라
골짜기와 평원 바위의 주민아 보라
너희가 말하기를 누가 내려와서 우리를 치리요
누가 우리의 거처에 들어오리요 하거니와 나는 네 대적이라.

세 번째 신탁 14 내가 너희 행위대로 너희를 벌할 것이요
내가 또 수풀에 불을 놓아 그 모든 주위를 사르리라
여호와의 말씀이니라.

ס

26) Lundbom, *Jeremiah 21-36*, 109.

첫 번째 신탁은 왕가를 향한 일반적인 권고의 말씀으로, 야웨의 분노가 불처럼 나아가지 않도록 정의를 행하라는 말씀이다. 두 번째 신탁은 난공불락에 대한 왕실의 교만을 고발한다. 세 번째 신탁은 명시되지 않은 왕실의 악한 행위에 대한 심판으로 하나님의 불이 내려올 것이라고 선언한다. 이 메시지들의 행간을 읽으면서 삼단논법 논증으로 축약하면 다음과 같다.

대전제: 정의를 행하지 않는 왕실은 하나님의 진노에 불을 붙일 것이다.
소전제: 왕실은 불의를 행하면서도 자신감에 차 있다.
결 론: 불의한 행동들이 하나님의 진노를 왕가에 임하게 할 것이다.

소전제와 대전제가 분명하게 연결되지 않기 때문에 이 신탁을 생략삼단논법으로 분류할 수도 있을 것이다. 청중은 왕실의 불의한 일들을 잘 알고 있기 때문에 논증에서 그 문제를 말할 필요가 없었을 것이다. 아마도 고발 부분에서 지탄하고 있는 왕실의 교만은 왕실에서 자행하는 부당한 일들과 연관되었을 것이다. 세 번째 신탁에서 '너희 행위대로'라는 표현도 왕실의 불의한 일들을 말하고 있음이 분명하다. 어느 경우든 여기에서도 다른 신탁 묶음들과 마찬가지로 일반적인 원칙으로부터 고발로, 고발에서 심판으로 논리 진행이 나타나고 있다. 나는 예레미야 주석서를 쓰면서 이 신탁들이 아마도 왕실을 향해 직접 선포되기보다는, 성전 뜰이나 다른 공공장소에서 일반 백성에게 선포되었을 것이라고 추정했다.[27] 그렇게 보면 이 신탁의 논증은 삼단논법이 아니라 군중에게 말할 때에 더 적합한 생략삼단논법이라는 주장이 더욱 힘을 얻게 된다.

우리는 고대 히브리 정신이 논리적 사고를 할 능력이 없었다고 생각해서는 안 된다. 예언자들은 아리스토텔레스보다 400년이나 앞서서 생략

---

27) *Ibid.*, 110.

삼단논법을 사용하고 있었다. 또한 예레미야나 예레미야 신탁의 편찬자들도 아테네의 위대한 철학자인 아리스토텔레스가 그의 『분석론 전서 I』에서 삼단논법에 대한 고전적 정의를 내리기 200년 전부터 기초적인 삼단논법을 활용했음이 분명한 것이다.

3장

예레미야와 두루마리 제작

압축된 역사

예레미야의 소명과 위임(렘 1장)

예레미야 1장은 예레미야가 소명과 사명을 받아 공적 사역을 시작하는 장면을 보도하고 있다. 그러나 야웨의 지명을 받아 야웨를 섬기는 예언자의 삶으로 예레미야의 초창기를 재구성할 때 1장에서부터 중요한 문제가 발생한다. 1장의 표제는 요시야 13년이라는 중요한 연대를 제시하는데, 이 연대는 예레미야가 소명을 받은 해를 기원전 627년으로 확정한다(렘 1:24). 예레미야서 전체의 도입부가 되는 이 표제를 제외하면 1장 그 어디에도 연대가 나오지 않는다. 1-20장 전체를 보더라도 특정한 연대가 언급되지 않는다. 다만 3:6을 통해서 이스라엘과 유다에 대한 비유인 '배역한 자매들 이야기'(3:6-18)를 야웨께서 예레미야에게 주신 때가 '요시야 왕 때'라는 정보를 얻을 뿐이다.

단순하게 1장을 읽어 보면 예레미야는 자신의 소명을 듣고 처음에는 저항하였지만 이를 수용하고 난 이후부터 적극적으로 사역에 임했다는 인상을 받는다. 그의 설교는 2장에서 시작된다. 중앙에 위치한 환상들을 후대의 삽입으로 보아 소명 단락을 4-10절로 축소했던 둠과 모빙켈을 따르는 학자들조차도 소명과 위임(17-19절) 두 가지를 예레미야의 생애에서 발생한 하나의 사건으로 본다.[1] 예레미야의 연대를 늦추려는 사람들도 마찬가지이다. 그들은 예레미야 1:2에 나오는 '요시야 13년'을 무시하거나 재해석하여 예레미야가 소명을 받은 시기를 기원전 609년 요시야의 사망 시기에 가깝게 놓는다. 호스트는 예레미야 1:2의 연대를 무시한 반면,[2] 하이야트와 할러데이는 기원전 627년을 예레미야의 출생 연도로 보았다.[3] 이들은 모두 소명 이후에 예레미야가 즉각적으로 공적 사역을 시작했다고 추측한다.

소명과 위임을 한 사건으로 보는 보편적인 가정은 예레미야의 초창기를 역사적으로 재구성하려 했던 모든 사람이 범한 근본적인 실수이다. 이것은 초기의 '북방의 적'(렘 1:13-19)이 기원전 627년과 622년 사이에 침략한 것으로 보는 '전통주의적' 견해를 가진 학자들의 주요한 문제였다. 또한 좀 더 늦은 연대를 지지하는 학자들도 바로 이 가정 때문에 예레미야 1:2의 연대를 무시하거나 재해석할 수밖에 없었는데, 그렇게 해서 해결되는 문제는 없다. 늦은 연대에 대한 비판은 다른 곳[4]에서 했으니 여기에서 반복하지는 않겠고, 다만 내가 예레미야의 초창기를 어떻게 재구성하고 있는지를 요약적으로 밝히겠다. 나는 예레미야 1장에 나오는 수

---

1) Duhm, *Das Buch Jeremia*, 10-11; Mowinckel, *Zur Komposition des Buches Jeremia*(Oslo: Jacob Dybwad, 1914), 20.

2) F. Horst, "Die Anfänge des Propheten Jeremia," *ZAW* 41(1923), 132.

3) J. P. Hyatt, "Jeremiah," in George A. Buttrick(ed.), *IB* 5(New York: Abingdon Press, 1956), 798; W. L. Holladay, "The Background of Jeremiah's Self-Understanding: Moses, Samuel, and Psalam 22," *JBL* 83(1964), 153-164.

4) Lundbom, "Rhetorical Structures in Jeremiah 1," *ZAW* 103(1991), 193-210; *The Early Career of the Prophet Jeremiah*(Lewiston, NY: Mellen Biblical Press, 1993), 53-63; "Jeremiah 15, 15-21 and the Call of Jeremiah," *SJOT* 9(1995), 143-155.

사학적 구조를 관찰한 후에, 이에 근거하여 1장의 화자가 두 사건 사이의 시간을 압축함으로써 두 사건을 마치 하나의 사건처럼 만들었다는 결론을 내렸다. 이러한 재구성의 또 다른 근거는 예레미야 15:16에 대한 재해석이다. 모두가 이 구절은 예레미야가 자신이 소명을 받아들이던 때를 훗날 회상하면서 쓴 구절이라고 생각한다. 이 구절에서 예레미야가 회상하고 있는 것이 기원전 622년에 성전에서 발견된 율법책이라는 점을 간파한 학자는 없었다.

예레미야 1장은 예레미야의 생애에 발생한 두 개의 하나님의 말씀, 두 개의 환상, 두 개의 사건을 기록한다. 첫 번째 하나님의 말씀은 야웨가 예레미야를 열방의 예언자로 부르셨다는 사실을 그에게 알린다(1:4-12). 예레미야는 사무엘이 처음으로 야웨의 말씀을 들었을 때(삼상 1-3장)와 비슷한 나이의 소년이었다. 예레미야는 소명을 받고 바로 수락하지 않았던 것 같다. 왜냐하면 예레미야 15:16에서 표현된 기쁨이 여기에서는 나타나지 않기 때문이다. 예레미야는 '내가 여기 있나이다 나를 보내소서'(사 6:8)라고 말했던 이사야와는 다른 사람이었다. 소명 단락은 둠이나 모빙켈의 견해와는 달리 10절에서 끝나지 않으며,[5] 오히려 11-12절의 살구나무 가지 환상이 소명 단락에 포함되어야 한다. 이 환상에서 야웨는 스스로 보시기에도 예레미야가 아직 공적 사역의 준비가 되지 않았다고 말씀하신다. 주석가들은 마지막 부분에 나오는 야웨의 '내가 내 말을 지켜 그대로 이루려 함이라'(1:12)라는 구절을 해석하느라 많은 고초를 겪었는데, 이 말씀은 하나의 약속으로서 미래의 성취를 의미한다.

하나님의 두 번째 말씀이 예레미야에게 공적 사역을 위임하기 위해 임한다(렘 1:13-19). 예레미야에게 야웨의 말씀이 두 번째로 임했다는 사실은 1:13에 나오는 '다시'라는 단어를 볼 때 명백하다. 여기에서는 말씀 뒤에 환상이 따라 나오지 않고, 말씀 앞에 나와서 15-19절의 실제적인 사

5) 나의 "Rhetorical Structures in Jeremiah 1"을 보라.

명 위임 장면의 도입부가 된다. 하나님의 두 번째 말씀은 예레미야가 그의 소명을 받은 후에 즉각적으로 임한 것이 아니라 수년 뒤에 임한 것이라고 나는 생각한다. 화자는 두 개의 사건을 하나로 보이게 하려고 두 사건을 압축시켰다. 1:12와 1:13 사이에는 수년의 시간적 간격이 있다. 1장은 소명으로 시작해서 위임으로 끝난다. 그 중앙에는 사건들과 환상들이 엮여서 배치되어 있다.

소명과 위임 사이의 간격은 적어도 5년은 되어야 한다. 더 길 수는 있지만 더 짧을 수는 없다. 왜 5년인가? 예레미야는 그의 소명을 기원전 622년에 비로소 수용했기 때문이다. 예레미야 15:16은 예레미야의 탄원으로서, 예레미야는 자신이 소명을 수락하던 때를 성찰하고 있다. 그런데 이곳의 첫 번째 콜론이 잘못 해석되어 왔다. 히브리어로는 그 뜻이 매우 명료하다. 히브리어 본문은 '당신의 말씀들이 발견되었고(מצא) 내가 그것을 먹었나이다'라고 말한다. '당신의 말씀이 내게 임했고 내가 그것을 먹었나이다'라고 해석한 맥케인에게는 미안하지만, 여기서 예레미야는 소명 당시에 그에게 '임한' 말씀들에 대해서 말하고 있지 않다. 만약 그랬다면 예레미야서 전체에 걸쳐 야웨의 말씀이 예언자에게 '임할' 때 사용되는 단어인 '하야'(היה) 동사(1:4, 11, 13, 2:1 등)가 여기서도 쓰였을 것이다. 예레미야 15:16은 더 나아가 야웨의 말씀이 예레미야에게 커다란 기쁨을 가져다주었다고 말하는데, 1장에서는 기쁨의 흔적이 보이지 않는다. 원문의 히브리어(נִמְצְאוּ דְבָרֶיךָ)는 '당신의 말씀들이 발견되었나이다'라고 번역되어야 하며, 이것은 기원전 622년에 성전에서 있었던 율법책 발견 사건을 말하는 것이다(왕하 22:13, '이 발견한 책의 말씀').[6] 이 말씀들은 예레미야가 소명을 받을 당시 그에게 주어진 약속이었고(1:9), 예언자 모세가 전달해 준 말씀들로서 이제 예레미야는 큰 기쁨으로 그 말씀들을

---

6) Lundbom, "The Lawbook of the Josianic Reform," *CBQ* 38(1976), 302 n. 34; *The Early Career of the Prophet Jeremiah*, 59-60; *Jeremiah 1-20*, 743.

먹고 있는 것이다.

그러므로 예레미야는 성전에서 찾은 법전의 말씀들을 기쁨으로 먹었던 기원전 622년에 그의 소명을 받아들인 것이다. 예레미야가 소명을 받아들인 연대가 확실하기 때문에, 공적 사역의 위임은 그 이후 언제든지 가능하다. 이제 우리는 '북방의 적'을 스키타이인 가설과 같이 627년부터 622년 사이에서 찾을 필요가 없다. 왜냐하면 초기에는 적이 없었기 때문이다. 예레미야는 기원전 622년 이후에 '북방의 적'에 대해서 알게 되었고 그에 대해 설교하기 시작했다. 예레미야에게 그 적은 처음부터 바빌론이었던 것으로 보인다. 이러한 재구성을 통해서 예레미야 1:2, 25:1-3, 36:1-2에 나오는 연대들은 그대로 보존되고 예레미야의 초기 활동은 본래 그래야 했던 것처럼 요시야의 초기 치세에 이루어진 것으로 확립된다.

미스바 체류(렘 40-41장)

예레미야서의 다른 쪽 끝에 위치한, 이른바 '고난의 길'이라 불리는 37-44장의 산문 부분을 보면 37:1의 시드기야에 관한 표제 이후에는 도움이 될 만한 어떠한 연대도 나오지 않는다. 예레미야 40:7-41:18에서는 사건들이 연대순으로 나오는 것으로 보인다. 이 내러티브는 예루살렘의 파괴 이후 유대 생존자들의 미스바 정착, 그달리야의 총독 임명, 그달리야의 암살, 이스마엘의 주도로 미스바를 떠나는 일부 정착민들, 이 무리의 통치를 둘러싼 이스마엘과 요하난의 분쟁, 요하난의 무리가 베들레헴 근처의 게롯김함에 도착하는 사건 등을 보도한다. 게롯김함에서의 짧은 체류 이래로 무리는 이집트로 향한다(렘 42:1-43:7). 이 내러티브가 목격담의 특징을 모두 지니고 있다고 말한 할러데이를 비롯하여, 여러 학자[7]는 이 부분을 바룩이 쓴 것으로 보고 있다.

우리가 알고 싶은 것은 미스바 공동체가 얼마나 오랫동안 존재했느

7) Duhm; Volz; Bright; Holladay.

냐는 것이다. 일반적인 가정은 그달리야가 미스바에 정착한 이후에 곧바로 암살되었다는 것이다. 예레미야 41:1에 '일곱 번째 달'이라는 언급이 있지만(왕하 25:25 참조), 그 해가 언제인지는 모른다. 일곱 번째 달은 9월에서 10월(=Tishri)일 것이고, 이는 초막절과 관련된 언급으로 보인다. 화자는 다시 한 번 사건들 간의 시간적 간격을 줄이는 것으로 보이는데, 이 경우에는 그달리야의 통치를 두 달 혹은 석 달로 압축한다. 즉, 예루살렘이 기원전 586년 7월에 함락되고(렘 39:2), 여름 과일이 8-9월에 수확되고(렘 40:12), 그달리야가 암살된 후 9-10월에 순례자들이 초막절을 기념하기 위해 북쪽으로부터 모여든다(렘 41:4-5). 그러나 더 나은 재구성은 예레미야 40:12와 40:13 사이에 몇 년의 시간을 두는 것이다. 최초의 음모는 예레미야 40:12의 즐거운 수확이 있고 나서 4년 후에 일어난 것으로 보인다. 이러한 시간적 간격을 설정해 주면 미스바가 재건되는 데 요구되는 시간도 설명이 되고, 더욱더 중요한 점으로서 그달리야의 암살을 582년 느부갓네살이 유다로 돌아오는 사건과 연관시킬 수 있다. 바로 이 시기에 또 다른 무리의 유대인이 바빌론으로 끌려갔다(렘 52:30).

열왕기하 25:23-25도 같은 사건들을 압축해서 다루고 있지만 기록이 자세하지 않으므로 사건이 압축되었다는 점은 분명하게 드러나지 않는다. 여기서 예루살렘은 시드기야 11년 네 번째 달에 멸망한 것으로 언급된다(왕하 25:2-3; 렘 39:2). 이 말은 그달리야의 죽음이 언급되는 열왕기하 25:25의 7월이 같은 해의 석 달 뒤로 이해된다는 것이다. 어떤 학자들[8)]은 이 연대기를 수용하지만, 다른 학자들[9)]은 그달리야의 암살을 3-4

8) Volz; Bright; Holladay.

9) Heinrich Grätz, "Gedalja Sohn Achikam's Dauer seiner Statthalterschaft und Datum seines gewaltsamen Todes," *Monatschrift für Geschichte und Wissenschaft des Judenthums* 19(1870), 268-275; *Geschichte der Israeliten*, II(Leipzig: Oskar Leiner, 1875), 415; Hyatt, "Jeremiah," in *IB*; John H. Hayes and Paul K. Hooker, *A New Chronology for the Kings of Israel and Judah*(Atlanta: John Knox Press, 1988), 98.

년 후로 설정하는데, 이 견해가 훨씬 더 개연성이 높다. 그달리야는 결국 바빌론이 임명한 총독이었고, 그가 암살되자 느부갓네살은 기원전 582년에 유다로 돌아올 수밖에 없었다. 그때 또 한 무리의 유대인이 바빌론 포로로 끌려가게 된다. 열왕기하 25장에는 582년에 느부갓네살이 유다에 온 사건에 대한 언급이 없으며, 이는 단지 예레미야 52:28-30에서만 보고된다.

사건을 이렇게 재구성하면 예레미야와 바룩이 예루살렘의 멸망 이후 3년 혹은 4년 정도 미스바에 살았던 것으로 가정되는데, 이것은 일반적인 추정보다 상당히 긴 시간이다. 바룩에게 3년 혹은 4년이라는 시간은 예레미야 30-33장과 같이 예레미야가 예루살렘 멸망 이후에 선포한 말들과 예루살렘 멸망 전후의 사건들을 기록하는 데 충분한 시간이었을 것이다.

바룩과 스라야, 예레미야의 두루마리

초기 비평학자들은 예레미야서의 전기적 산문을 바룩의 것(B자료)으로 보았다.[10] 예레미야 36장은 바룩이 예레미야가 불러주는 예언을 받아 적음으로 예레미야의 첫 두루마리를 기록하였고, 그 이후 금식의 날에 성전의 수많은 군중 앞에서 그것을 읽었다고 설명한다. 바룩은 예레미야가 아나돗에서 사촌의 밭을 사면서 매매 증서의 내용을 놓고 협상할 때에도 곁에서 그를 도왔고, 그 후에도 안전한 보관을 위해 증서의 관리권을 부여받았다(렘 32:9-15). 예레미야서는 기원전 604년 이후 바룩과 예레미야를 가까운 동역자로 그리고 있다. 예레미야의 두루마리가 대중들과 왕에게 낭독된 이후 두 사람은 여호야김 왕에게 쫓겨 피신하였고(렘 36:19,

10) Giesebrecht, *Das Buch Jeremia*; Mowinckel, *Zur Komposition des Buches Jeremia.*

26), 요하난이 이끄는 무리가 미스바를 떠나 베들레헴 근처에서 야영을 할 때에도 바룩은 예레미야와 함께 있었으며(렘 43:3), 그 무리가 이집트에 도착했을 때에도 바룩은 예레미야와 함께 있었다(렘 43:6-7).

처음에 모빙켈은 바룩이 산문체로 된 B자료의 저자라는 것을 의심했다.[11] 그러나 별다른 주목을 받지 못했던 이후의 저작에서[12] 그는 이러한 의심을 오래 전에 버렸다고 말하면서, 이제는 바룩이 B자료를 집대성했음을 확신한다고 말했다. 모빙켈이 생각을 바꾸게 된 것은 예레미야 45장 때문인데, 그는 바룩이 여기에서 자신을 청중에게 간접적으로 소개하고 있다고 생각했다. 모빙켈은 다음과 같이 말한다.

> 바룩이 저자라는 것은 이 자료가 45장에서 바룩 자신에게 주어진 말씀으로 마무리된다는 사실로 확증된다. 이 말은 연대기적으로는 지금의 위치가 맞기 때문에 이곳에 배치된 것이다. 이 말씀은 요아킴 치세 4년에 주어진 것이며, 이 두루마리의 기원과 연관된 말씀이다(36장). 이 말이 현재의 위치에 배치된 것은 이 말이 두루마리의 결론이자 끝임을 가능한 명료하게 나타내며, 동시에 독자에게 저자를 간접적으로 소개하기 위한 것이다. 맥락을 고려할 때, 예레미야 45:1에 나오는 '이 모든 말'이란 과거에 구술로 전달된 신탁들이 아니라 예레미야 45:1까지 적힌 모든 내용, 즉 기록된 신탁들과 내러티브를 의미한다고 보아야 한다. 이 책의 저자가 누구인지를 45:1보다 더 명백하게 알려주는 구절은 없다.[13]

모빙켈의 뒤를 이어, 뮬렌버그[14] 역시 바룩이 예레미야서의 산문 부

---

11) Mowinckel, *Zur Komposition des Buches Jeremia.*
12) Mowinckel, *Prophecy and Tradition*(Oslo: Jacob Dybwad, 1946).
13) *Ibid.*, 61-62.
14) James Muilenburg, "Baruch the Scribe," in John I. Durham and J. R. Porter (eds.), *Proclamation and Presence: Old Testament Essays in Honour Of*

분과 1:1–45:5까지의 편찬과 편집을 맡았다고 보았다.

모빙켈의 후기 견해를 지지하면서, 그리고 다소간 양식비평 방법론에 의거하여 나는 예레미야 45장은 확장된 콜로폰(사본의 마지막 장 – 역자 주)으로서 모빙켈이 주장한 것과 같은 기능을 한다고 주장해 왔다.[15] 나는 또한 예레미야 51:59–64 역시 바룩의 형제인 스라야가 쓴 유사한 형태의 콜로폰이었으며,[16] 바룩이 기록한 예레미야 36:1–8도 한때는 내러티브 산문 모음집의 결말을 이루는 확장된 콜로폰이었다고 주장했다.[17] 그러나 예레미야서가 시간의 흐름과 함께 양적으로 확장되면서 36:1–8은 45장에 가려 콜로폰의 기능을 상실했다. 그리고 45장과 51:59–64의 확장된 콜로폰들이 이제 중요하게 부각됨으로써 45장은 현재 칠십인역의 51장의 결말 역할을, 51:59–64는 마소라 본문의 51장에 해당되는 예레미야 두루마리의 결말 역할을 하게 되었다. 열왕기하 24:18–25:20과 거의 비슷한 복사본인 예레미야 52장은 나중에 추가된 역사적인 부록인데, 이 부분이 더해짐으로써 예레미야서가 최종적으로 완성되었다.

바룩과 스라야는 전문적인 훈련을 받은 서기관들이었고, 예루살렘의 뛰어난 서기관 가문에 속해 있었다. 서기관 가문은 초창기부터 존재했었는데, 고대 바빌론 시대[18]와 우가리트[19]에서도 관련 증거가 발견된다. 예레미야서에서는 두 번에 걸쳐 아버지와 할아버지의 이름이 함께 언급되고 있다. 한 번은 바룩의 이름이 처음 나올 때(렘 32:12)이고, 다른 한 번은

Gwynne Henton Davies(Richmond: John Knox Press, 1970), 232–238.

15) Lundbom, "Baruch, Seraiah, and Expanded Colophons in the Book of Jeremiah," *JSOT* 36(1986), 99–101.

16) Lundbom, "Baruch, Seraiah, and Expanded Colophons," 101–104.

17) *Ibid*., 104–106.

18) W. G. Lambert, "Ancestors, Authors, and Canonicity," *JCS* 11(1957), 2–3.

19) Anson F. Rainey, "The Scribe at Ugarit," in *Proceedings of the Israel Academy of Sciences and Humanities*, III(Jerusalem: Israel Academy of Sciences and Humanities, 1969), 128.

스라야의 이름이 처음이자 유일하게 나올 때이다(렘 51:59). 이 구절들은 바룩과 스라야를 마세야의 손자이며 네리야의 아들이라고 소개한다. 이 가문은 열왕기하와 예레미야에서 자주 등장하는 사반 가문과 같은 서기관 가문이었다.[20] 발굴을 통해서 바룩과 스라야 두 사람 모두의 인감이 발견되었다.[21] 바룩의 인감에는 '서기관'이라는 단어가 새겨져 있다(렘 36:26, 32 참조). 사반의 아버지의 도장도 발굴되었는데 이 도장에는 그의 이름과 그의 아버지의 이름도 적혀 있다. 도장에는 '므술람의 아들 아살리야의 것'이라고 적혀 있다(왕하 22:3).[22]

예레미야 45장과 예레미야 51:59-64가 콜로폰의 속성을 지닌다는 것은 고대 근동 전역에 남아 있는 문서들의 콜로폰과 비교할 때 명백하게 드러난다. 아시리아와 바빌론의 콜로폰들에 대한 헤르만 헝거의 연구[23]는 563개의 사례를 제공한다. 콜로폰은 시락서의 헬라어 사본과 히브리어 사본에 모두 나오고(시락서 50:27-29, 51:30), 에스더 외경(11:1)과 마카베오하(15:37-39)에도 나온다.[24] 얼 라익티는 자신의 중요한 논문[25]에서 콜로폰에 자주 나오는 정보의 유형을 열거한 바 있다. 콜로폰에는 아래 항

---

20) Lundbom, *Jeremiah 21-36*, 299.

21) N. Avigad, "Baruch the Scribe and Jerahmeel the King's Son," *IEJ* 28(1978), 52-56[Reprinted in *BA* 42(1979), 114-118]; "The Seal of Seraiah(Son of) Neriah"[Hebrew with English summary] in Menahem Haran(ed.), *H. L. Ginsberg Volume*, Eretz-Israel, 14(Jerusalem: Israel Exploration Society, 1978), 86-87, 125.

22) N. Avigad, *Corpus of West Semitic Stamp Seals. Revised and completed by Benjamin Sass*(Jerusalem: Israel Academy of Sciences and Humanities, 1997), 79, #90.

23) Hermann Hunger, *Babylonische und assyrische Kolophone*(Neukirchen-Vluyn: Neukirchener Verlag, 1968).

24) Lundbom, "Baruch, Seraiah, and Expanded Colophons," 94-95.

25) Erle Leichty, "The Colophon," in *Studies Presented to A. Leo Oppenheim*(Chicago: Oriental Institute of the University of Chirago, 1964), 147-154.

목 중에서 하나 혹은 그 이상의 항목들이 나온다.

1. 표제
2. 시리즈의 이름과 토판의 번호
3. 토판에 쓰인 줄의 수
4. 사본의 출처
5. 토판 주인의 이름
6. 사본을 제작한 서기관의 이름 — 서기관과 직위와 족보가 나오기도 함
7. 사본 제작의 이유
8. 저주 또는 축복
9. 날짜
10. 사본의 배치 — 일반적으로 신전의 서고

모든 콜로폰이 위의 항목들을 모두 포함하지는 않으며, 이는 예레미야서의 콜로폰의 경우도 마찬가지이다. 그러나 예레미야 45장과 51:59-64에는 위의 항목들 중 여러 개를 포함한다. 예레미야서에 나오는 콜로폰들이 이야기와 예언적 신탁을 첨가함으로써 비성서적 장르인 콜로폰을 확장하고 있으므로 나는 이것을 '확장된 콜로폰들'이라고 부른다.

예레미야 45장에는 콜로폰의 표준적인 요소 여섯 가지가 나온다.

1. 아버지의 이름과 함께 나오는 서기관의 이름: 네리야의 아들 바룩(45:1, 참조. 36:4)
2. 출처: '예레미야가 불러주는 대로 이 모든 말을 책에 기록하니라'(45:1, 참조. 36:4, 32)
3. 연대: 여호야김 넷째 해(45:1, 참조. 36:1)
4. 두루마리를 쓰는 이유: 야웨가 온 땅을 파괴하고 계시다(45:4)
5. 저주와 축복: '화로다 … 그러나 내가 너에게 네 생명을 주리라'(45:3, 5)

6. 표제어: '슬픔'(45:3, 참조. 20:18).

예레미야서에서 위치 문제는 특히 중요하다. 칠십인역에서는 이방 국가들에 대한 신탁이 예레미야서의 중간(칠십인역 25:14-31:44)에 나타나며, 바룩 개인을 향한 말씀은 칠십인역 51:31-35에 배열되면서 51장으로 된 한 권 전체의 결말을 이룬다. 뮬렌버그[26]는 대부분의 학자처럼 칠십인역 본문의 배열이 마소라 본문의 배열보다 더 오래된 것이라고 추측하면서, 이 단락이 한때는 예레미야서 전체의 결말이었을 것이라고 생각했다.[27]

바룩은 예레미야가 자기 개인에게 준 말씀을 책의 마지막에 배치함으로써 자신이 이 책을 기록한 서기관임을 독자에게 말한다. 그러나 모빙켈이 바르게 지적하였듯이, 바룩 개인에 대한 이 말씀은 재배치를 통해 지금의 위치에 있게 된 것이다. 예레미야 45:1에 나오는 '이 모든 말'이란 원래 51장으로 구성된 책에 수록된 말씀을 가리키는 것이 아니고, 첫 두루마리가 기록된 연대가 여호야김 넷째 해라고 주어졌기 때문에 이것은 기원전 605년에 두루마리에 수록된 말씀을 가리키는 것이다(45:1, 36:1-8). 바룩 개인에게 주어진 이 말씀은 우리가 알지 못하는 다른 두루마리(렘 36:32)의 결말이었을 수도 있다. 예레미야 45장이 본래는 예레미야 1-20장 바로 뒤에 배치되었다는 리첼의 과거 제안[28]을 받아들이는 입장에서, 나는 바룩에게 주어진 말씀이 예레미야 편찬 과정의 어느 한 시점에서는 1-20장으로 이루어진 최초 편집본의 결말 부분을 이루었을 것이라고 주

---

26) Muilenburg, "Baruch the Scribe," 235; "The Terminology of Adversity in Jeremiah," in Harry Thomas Frank and William L. Reed(eds.), *Translating and Understanding the Old Testament: Essays in Honor of Herbert Gordon May* (Nashville: Abingdon Press, 1970), 57.

27) 이것은 이미 Johann Gottfried Eichhorn, *Einleitung ins Alte Testament*, III (Reutlingen: Johannes Grözinger, 1970), 120에서 논의된 바 있다.

28) Claus Rietzschel, *Das Problem der Urrolle*(Gütersloh: Gütersloher Verlagshaus, Gerd Mohn, 1966), 128.

장해 왔다.[29] 리첼은 예레미야 20:18과 예레미야 45:3에 공통적으로 나오는 표제어 '슬픔'이 두 단락을 이어주고 있다고 보았다. 그 이후에 45장은 재배열되어 위치를 옮긴 것이다. 이 부분은 원래 기원전 605년에 기록된 두루마리의 결말 부분이었으나, 후에 현재 칠십인역에서 차지하고 있는 위치인 51장 끝으로 재배치되었다. 이 위치에서 이 단락은 바룩이 자신을 확장된 예레미야서의 편찬자로 소개하는 역할을 한다. 바룩 개인에게 주어진 말씀은 새로운 위치에 걸맞도록 재작성되지 않았다. 그래서 '이 모든 말'이라는 표현의 의미가 모호하게 된 것이다. 이제 '이 모든 말'의 의미가 확장되어 51장으로 된 예언서 안의 모든 신탁과 이야기들을 가리키게 되었다.

또 다른 중요한 콜로폰을 쓴 스라야는 그의 형제 바룩이 받았던 관심이나 혹은 악평을 받지 못했다. 그 이유는 아마도 예레미야의 유산을 보존하는 데에 스라야의 역할이 바룩처럼 크지 않았기 때문이며, 또한 이전의 학자들이 대체로 이방 국가들에 대한 신탁들, 특히 바빌론에 대한 신탁들을 무시했기 때문이다.[30] 그 결과 스라야의 콜로폰은 그것들이 부착된 신탁들과 함께 잊혀져버렸다. 그러나 모든 학자가 그런 것은 아니었다. 몇몇 학자는 바룩의 형제 스라야가 등장하며 기원전 594-593년의 바빌론 파견 사건을 보도한다는 점에서 예레미야 51:59-64가 믿을 만하다고 생각했다.[31] 스라야는 시드기야 정부에서 '병참감'이라는 고위 관리였기 때문에 그의 지위에서 다양한 서기관 기능을 수행할 수 있었을 것이다.

---

29) Lundbom, *Jeremiah 1-20*, 94.

30) 예를 들면, Duhm, Volz 그리고 McKane.

31) Peake, Cornill, Rudolph, Bright, Holladay and W. Zimmerli, "From Prophetic Word To Prophetic Book," in Robert P. Gordon(ed.), *'The Place Is Too Small for Us': The Israelite Prophets in Recent Scholarship*(Winona Lake, IN: Eisenbrauns, 1995), 428.

예레미야 51:59-64에는 표준적인 콜로폰의 요소 일곱 가지가 나온다.

1. 조상 두 명의 이름과 함께 나오는 서기관의 이름: 마세야의 손자 네리야의 아들 스라야(51:59)
2. 출처: '[예레미야가] 바벨론에 대하여 기록한 이 모든 말씀', 즉 50-51장의 바벨론 신탁들(51:60, 참조. 25:13)
3. 연대: 시드기야 제4년(51:59)
4. 두루마리 기록의 이유: '바벨론에 닥칠 모든 재난'을 바벨론에서 공공연하게 선포하기 위해서(51:60-62)
5. 저주: '바벨론이 이같이 몰락하여 다시 일어서지 못하리니'(51:64)
6. 표제어: '그들이 쇠잔하리라, 그들이 피폐하리라'(51:58, 64)
7. 배치: 유브라데 강 속에(51:63)

위치 문제는 여기에서 다시 중요하게 부각된다. 스라야 개인에게 주어진 이 말씀은 마소라 본문에서 51장까지의 결말을 이룬다. 그의 형제 바룩처럼 스라야 역시 자신이 방대한 예레미야서 편찬 작업에서 중요한 역할을 했음을 독자들에게 알리고 싶어 하고 있다. 스라야 개인에게 주어진 말씀은 원래 바빌론에 대한 신탁들의 결론이었는데 칠십인역에서는 그대로 그 역할을 하고 있다(칠십인역 28:59-64). 예레미야 51:60의 '이 모든 말씀'은 여전히 바빌론에 대한 신탁들만을 지시한다. 이방 신탁을 예레미야서의 끝부분에 재배치한 사람은 아마도 스라야 자신이었을 것이다. 마지막 부분에 그가 배치한 확장된 콜로폰은 스라야 자신을 더 긴 예레미야서 판본의 편찬자로 부각시키는 기능을 하고 있다. 우리는 바룩의 작문이 온전히 남아 있다는 것에 주목해야 한다. 오늘날 우리가 아는 마소라 본문의 45장이 된 바룩의 콜로폰은 더 이상 예레미야서에서 현저하게 부각되지 않는다. 예레미야 51:64에 '예레미야의 말이 이에 끝나니라'

라는 마지막 행을 추가한 사람도 아마도 스라야였을 것이다. 이 부분과 예레미야의 시작 부분은 수미상관을 이룬다.[32] 우리가 예상할 수 있듯이, 이 말들은 칠십인역에는 나오지 않는다. 칠십인역은 51장으로 이루어진 바룩의 책을 반영하고 있기 때문이다.

만약 45장과 51:59-64가 콜로폰의 성격을 지닌다면, 거기에 언급된 서기관들이 바로 그 콜로폰을 썼으며, 그 콜로폰들이 추가된 본문도 쓰거나 필사한 사람들이었을 것이 틀림없다. 나는 바룩과 스라야가 모두 긴 예레미야서를 편찬하고 편집하는 데 역할을 했으며 자신들의 콜로폰을 각각 오늘날의 칠십인역과 마소라 본문의 끝부분으로 재배치했다는 이론을 제기해 왔다. 원-칠십인역의 최종 배열은 바룩에 의해, 그리고 원-마소라 본문의 최종 배열은 스라야에 의해 이루어졌다. 이러한 결론은 바룩이 예레미야와 함께 이집트로 갔다는 성서의 보도와 원-칠십인역이 이집트에서 유래했다는 견해와 조화를 이룬다.[33] 스라야는 아마도 바빌론으로 갔을 것이다. 만약 그랬다면 우리는 스라야와 원-마소라 본문을 연관지을 수 있을 것이다. 원-마소라 본문은 바빌론에서 유래했기 때문이다.[34] 스라야가 바빌론에 정착했다는 증거는 없지만 성서는 그가 594/3년에 시드기야와 함께 바빌론으로 갔다고 말한다(렘 51:59). 만약 스라야가 후에 바빌론의 포로가 되었다면, 이 두 명의 뛰어난 유다의 서기관과 예레미야서의 두 가지 중요한 교정본을 연관시켜 보는 이론도 가능할 것이다.

---

32) Lundbom, *Jeremiah: A Study in Ancient Hebrew Rhetoric*, 25-26[=1997, 39-40]; *Jeremiah 37-52*, 504.

33) Cross, "The History of the Biblical Text," 297.

34) *Ibid.*

4장

예레미야와 역사

고대 이스라엘의 역사의식

일반적으로 고대 히브리 사상가들이 이룩한 가장 위대한 진보 중 하나는 역사에 대한 직선적 관점을 발전시킨 것이라고 생각된다. 직선적 관점이란 일련의 사건이 출발점으로부터 종착점으로 진행되며, 이 사건들이 전체적 맥락에서 특정한 의미를 지닌다고 보는 관점이다. 반면 고대 근동의 이스라엘 주변국에서는 역사를 자연의 순리에 따라 대응하는, 좀 더 순환적인 것으로 보는 관점이 지배적이었다. 나무와 꽃이 생명을 얻고 땅에 심긴 곡식들이 씨앗으로부터 싹을 틔우는 봄이 시작점이고, 잠시 동안 번성했던 것들이 쇠퇴하여 죽게 되는 가을이 종결점이 된다. 가나안 제의는 자연제의 형태로서, 바알신은 겨울이 시작되면 죽고 봄이 되면 다시 생명을 얻는다. 해마다 바빌론 사람들은 아키투 신년 축제에서 신들의 즉위를 축하했다. 아시리아의 왕들은 레반트 일대의 여러 국가에 대항해서 성공을 거둔 군사 작전들의 연대기를 기록하게 했다. 그러나 그 성공적인 작전의 기록들도 줄거리로 이어지지 않으며, 군사적 성공 이상의 의미도 부여되지 않는다. 그 기록들은 적국의 왕과 신들에 대하여 아시리아의 왕들과 아시리아 신들의 성공을 자랑하기 위한 것이었다. 오늘날에도 지속되고 있는 고대 인도의 힌두교는 환생 체계를 가지고 있는데, 이것은 역사가 끊임없이 굴러가는 바퀴 위에 있는 것으로 본다.

이스라엘은 바빌론 창조 신화를 수용하여 그것을 역사화하였다. 그리하여 그들만의 창조, 홍수와 다른 원역사의 이야기들을 아브라함, 이삭, 야곱과 같은 족장들의 이야기에 연결했다. 결국 창조 이야기에서 일하신 분과 족장 시대를 인도하신 분은 한 분 하나님이며, 그분은 좀 더 큰 계획을 마음에 품는 신으로 이해되었다. 하나님은 아브라함에게 미지의 땅으로 여행을 가도록 부르시면서 그가 위대한 나라의 조상이 될 것을 약속하셨다. 그뿐만 아니라 아브라함에게 그가 땅의 모든 민족의 복이 될 것을 약속하셨다(창 12:1-3). 수많은 후손에 대한 약속과 함께 아브라함이 그 당시 체류하고 있던 땅을 그에게 선물로 주신다는 약속이 주어졌으며, 이 약속은 이삭과 야곱에게도 반복되었다. 세상이 창조되기까지의 사건들에 대해서 이스라엘은 창조 이전 신들의 투쟁에 대한 신화적 이야기는 제외시켰다. 그들은 알려지지도 않고 이해할 수도 없는 신비로 이 이야기들을 덮어놓는 것으로 만족했다. 이제는 창세기 1:1을 '하나님이 천지를 창조하실 때에'라고 번역해야 한다는 주장이 상당히 수용됨으로써, '태초에 하나님이 천지를 창조하시니라'라는 번역에 따라 절대적인 시작을 말했던 전통적인 해석은 멀어지게 되었다. 마르틴 루터는 히브리인들의 생각을 올바르게 이해했다. 창조 이전에 하나님이 무엇을 하셨냐는 한 학생의 질문에 루터는 '하나님은 무익한 질문을 하는 사람들에게 쓸 회초리를 만들기 위해 숲에 가서 통나무를 자르셨다'라고 대답했다.[1)]

족보는 태곳적 사람들을 족장들과 연결시키기 위해서 후에 창안된 것이며(창 10-11장), 요셉, 즉 야곱의 아들은 이집트의 노예인 이스라엘과 병합되면서, 후속의 사건들은 단순한 '역사'가 아니라 '구원의 역사'로

---

1) J. Muilenburg, "The Biblical View of Time," *HTR* 54(1961), 251.

불린다. 또한 야웨, 즉 조상의 하나님께서 모세라는 사람의 사역을 통해서 이스라엘을 이집트의 구속으로부터 해방시키고 아브라함에게 약속하신 땅에서 안식하도록 그들을 인도하셨음을 받아들이면서, 구원사는 이른 시대부터 꽃을 피웠다. 출애굽, 광야 방랑, 정착은 이스라엘 '구원사'의 패러다임이 되었으며, 구약의 핵심 사건이 되었다. 이러한 일련의 사건들을 창세기 11-12장에 기록된 탈신화적인 태고 시대의 이야기들과 엮어 내는 것은 구원사를 형성하는 또 다른 단계가 되었다. 이에 대해서는 앞으로 더 많은 연구가 있어야 할 것이다.

예언자 예레미야는 역사관 비슷한 것도 우리에게 보여주지 않는다. 그러나 그의 책에 있는 자료들을 통해서 우리는 예레미야가 야웨를 하늘과 땅의 창조주로 믿었다는 것(렘 10:12-16=51:15-19, 31:35-36, 32:17)을 알 수 있다. 그리고 그가 사용하는 언어를 통해서 우리는 예레미야가 창세기 1-2장에 있는 두 개의 창조 이야기를 모두 알고 있었다고 결론을 내릴 수 있다(렘 1:5, 4:23-26, 18:1-11). 예레미야서의 다른 부분들을 보면 예레미야가 사람, 사건, 생각들이 어디에서 유래하며 어디로 향해 가는지 알고 있는 것 같다. 따라서 예언자 예레미야가 어느 정도의 역사적인 이해를 가지고 있었다고 할 수 있다. 그러나 위에서 말했듯이 예레미야는 우리에게 역사관 자체를 제공하지는 않았다.

예레미야 소명의 신비

예레미야서의 시작 부분에서 야웨 하나님은 예레미야가 태어나기 전부터 그를 예언자로 부르셨다고 말씀한다. 사실상 하나님의 부르심은 그가 모태에서 만들어지기 이전부터 시작된 것이다. 야웨는 어린 예레미야에게 다음과 같이 말씀하신다.

> 내가 너를 모태에 짓기 전에 너를 알았고
> 네가 배에서 나오기 전에 너를 성별하였고
> 너를 여러 나라의 선지자로 세웠노라(렘 1:5).

이것은 하나님의 과장어법이다. 아무리 그렇다 할지라도 이것은 본문이 예레미야의 소명에 대해서 말하는 내용 때문이 아니라, 아무것도 말해주는 것이 없기 때문에 주목할 만하다. 예레미야의 소명은 그가 어머니의 자궁에 생겨나기 '전에' 주어진 것이다. 즉, 하나님의 행동은 신비의 베일에 가려 있다. 마치 창조 이전의 세계가 신비에 가려 있는 것과 같다. 하나님이 예레미야에게 소명을 주신 시간은 오직 하나님만이 알고 계신다.

모세와 같은 예언자

아주 드물게 구약은 역사에 대한 엄격한 직선적 관점에서 벗어난다. 그 한 예로 하늘로 승천한 예언자 엘리야(왕하 2:11)를 들 수 있는데, 말라기는 야웨의 큰 날(말 4:5-6)을 보도하면서, 엘리야가 돌아올 것을 고대한다. 유대인들은 유월절 식사를 하는 동안 엘리야를 고대하면서 그를 위해 문을 열어놓는다. 반면 그리스도인들은 예수의 증언을 따라 엘리야가 실상 세례 요한이라는 인물을 통해서 돌아왔음을 믿는다(마 11:7-15).

역사에 대한 엄격한 직선적 관점에서 벗어난 또 다른 사례로 예언자들에 대한 신명기의 구절들을 들 수 있다. 야웨는 모세에게 다음과 같이 말씀한다.

> 내가 그들의 형제 중에서 너와 같은 선지자 하나를 그들을 위하여 일으키고 내 말을 그 입에 두리니 내가 그에게 명령하는 것을 그가 무리에게 다 말하리라(신 18:18).

예레미야는 소명 보도에서 자신을 '모세와 같은 예언자'[2]로 이해하고 있다. 야웨는 다음과 같이 말한다.

> 여호와께서 내게 이르시되 너는 아이라 말하지 말고
> 내가 너를 보내는 모든 곳으로 너는 가며
> 내가 네게 무엇을 명령하든지 너는 말할지니라(렘 1:7).

야웨가 명령한 것을 말하라는 명령은 예언자의 위임에서도 반복된다(1:17).

예레미야의 소명 기사에서 예레미야는 신명기 18:18에 대한 명확한 암시를 제공한다. 그는 다음과 같이 말한다.

> 여호와께서 그의 손을 내밀어 내 입에 대시며 여호와께서 내게 이르시되
> 보라 내가 내 말을 네 입에 두었노라
> 보라 내가 오늘 너를 여러 나라와 여러 왕국 위에 세워
> 네가 그것들을 뽑고 파괴하며 파멸하고 넘어뜨리며
> 건설하고 심게 하였느니라 하시니라(렘 1:9-10).

그러나 야웨의 말씀으로 예레미야의 입을 채우신다는 것은 단지 약속된 것일 뿐, 아직 일어나지 않았다. 이후의 성취는 살구나무 가지 환상에서 나타나며, 야웨는 '나는 나의 말들이 이루어지는 것을 지켜보고 있다'(렘 1:12)라고 예레미야에게 말한다. 말씀이 입에 떨어질 그날이 드디어 왔다. 기원전 622년 요시야 개혁의 절정에 모세의 율법서가 성전에서 발

---

2) Muilenburg, "The Mediators of the Covenant"(Unpublished Nils W. Lund Memorial Lectures, 20-21 November, 1963; North Park College and Theological Seminary); Holladay, "The Background of Jeremiah's Self-Understanding," 153-164.

견되었고(왕하 22:13), 이 사건이 예언자에게 깊은 영향을 주었다. 이후의 탄원에서 예레미야는 야웨에게 말한다.

> 만군의 하나님 여호와시여 나는 주의 이름으로 일컬음을 받는 자라
> 내가 주의 말씀을 얻어 먹었사오니
> 주의 말씀은 내게 기쁨과 내 마음의 즐거움이오나
> 내가 기뻐하는 자의 모임 가운데 앉지 아니하며, 즐거워하지도 아니하고
> 주의 손에 붙들려 홀로 앉았사오니
> 이는 주께서 분노로 내게 채우셨음이니이다(렘 15:16-17).

신명기 32장의 모세의 노래가 이 두루마리에 기록되어 있는데, 그것은 예레미야가 입으로 먹은 시들이다.[3] 이 같은 행동을 통해서, 예레미야는 야웨의 예언자가 되라는 그의 소명을 받아들였다. 이 소명이 5년 전에 예레미야에게 임했을 때에 그는 받아들일 수 없었고, 실제로도 받아들이지 않았다. 예레미야는 모세의 말씀(동시에 야웨의 말씀)이 그의 입으로 들어오고 하나님의 소명을 받아들인 후에야 즐거워한다. 기원전 627년에는 그 어떤 즐거움도 표현되지 않는다.

예레미야의 소명에는 모세에 관한 다른 전승들이 있다. 꽃 핀 살구나무 가지에 대한 예레미야의 환상은 모세의 불타는 떨기나무(출 3:1-6) 환상을 연상시킨다. 말할 줄 모른다는 예레미야의 주장(1:6)은 웅변에 능치 못하다는 모세의 변명과도 연관된다(출 4:10-17). 히에로니무스는 두 사람의 나이에 따라 그 둘에 대한 야웨의 반응도 달랐다고 주장한다. 예레미야는 단지 소년에 불과했고, 모세는 부름을 받을 때에 이미 성년이었다(출 2:11). 히에로니무스에 의하면, 모세는 장성하였기 때문에 그의 저항은 하나님의 질책을 받았다. 그러나 예레미야의 경우, 어린 나이이기에

---

3) Lundbom, "The Lawbook of the Josianic Reform," 293-302.

느끼는 공포와 수줍음은 존중받았고, 오히려 관대한 조처를 받았다.[4)]

예레미야서의 초기 설교—그 대부분이 2-3장—는 명백히 모세의 노래에 빗대고 있다. 이것은 개념적인 차용이라 할 수 있다. 모세의 노래와 예레미야의 설교 모두에서, 출애굽과 광야의 방랑 그리고 정착에서 나타난 야웨의 선하심은 노골적인 이스라엘의 배은망덕과 대조된다. 이스라엘이 가나안에 정착을 이룬 후부터는 상황들이 잘못된 방향으로 가기 시작한 때이다(신 32:10-18; 렘 2:5-9). 초기 신탁들을 관통하는 어법은 이미 모세의 노래에 나온 어법의 또 다른 영향을 드러낸다.[5)]

예레미야가 자신을 모세와 같은 예언자로 이해했다는 최종적인 표시는 새 계약의 예언에서 나타난다(렘 31:31-34). 모세는 시내산 계약의 중재자였고, 모압 평지에서 이 계약을 갱신한 사람은 바로 모세였다(신 5:2-3). 그러나 시내산 계약이 파괴되고 더는 갱신되지 않았을 때, 모세와 같은 예언자인 예레미야에게 야웨의 새 계약을 이스라엘에게 선포하라는 임무가 주어졌다.

광야 방랑에 대한 로맨틱한 관점

예레미야만 자신의 임무를 모세의 임무와 대비시키는 것이 아니라, 우리 역시도 예레미야를 통해서 모세가 지도자였던 이른 광야 시대에 초점을 맞추게 된다. 예레미야는 신명기에서 이스라엘 백성에게 출애굽의 구원보다 더 중요한 것은 시내산에서 십계명을 받는 것임을 배웠을 것이다. 신명기는 출애굽에서 시작되는 것이 아니라 시내산에서 시작된다. 그곳에서 이스라엘은 방향을 돌려 선조들로부터 약속받은 땅을 향해 여행

4) Lundbom, *Jeremiah 1-20*, 233.

5) *Ibid.*, 110-114.

하라는 말씀을 듣는다(신 1:6-8).

모세의 노래로부터 우리가 배울 수 있는 점은, 이스라엘과 야웨의 특별한 관계가 출애굽의 구원 사건에서 시작된 것이 아니라 광야에서 시작되었다는 사실이다. 모세는 야웨를 언급하면서 다음과 같이 말한다.

> 여호와께서 그를 황무지에서,
> 짐승이 부르짖는 광야에서 만나시고
> 호위하시며 보호하시며
> 자기의 눈동자 같이 지키셨도다
> 마치 독수리가 자기의 보금자리를 어지럽게 하며
> 자기의 새끼 위에 너풀거리며
> 그의 날개를 펴서 새끼를 받으며
> 그의 날개 위에 그것을 업는 것 같이
> 여호와께서 홀로 그를 인도하셨고
> 그와 함께 한 다른 신이 없었도다(신 32:10-12).

광야 시절에 대한 강조는 호세아에게도 나타난다. 물론 호세아 역시 출애굽 사건에 대하여 알고 있었지만(호 11:1, 12:9, 13:4), 광야의 방랑을 새 신부와 함께 보내는 야웨의 신혼여행기로 보았다. 호화롭고도 요새화된 이스라엘은 궁전 건축에 분주했고, 도시들을 요새화했으며, 심지어 자기 자신과 거대한 군대를 신뢰했다. 이에 대하여 호세아는 이스라엘이 그의 주인을 잊어버렸다(8:14)고 탄식했고, 이 행위들이 시내산 계약을 완벽하게 묵살하는 것임을 보이려 했다. 그러므로 예레미야는 광야에서 보낸 날들, 야웨가 보호하시고 이스라엘이 믿음을 지키던 그날들을 갈망한다. 야웨가 광야 시절을 돌아보며 예레미야에게 말했다.

> 옛적에 내가 이스라엘을 만나기를

광야에서 포도를 만남 같이 하였으며
너희 조상들을 보기를 무화과나무에서 처음 맺힌 첫 열매를 봄 같이 하였거늘
그들이 바알브올에 가서 부끄러운 우상에게 몸을 드림으로
저희가 사랑하는 우상 같이 가증하여졌도다
에브라임의 영광이 새 같이 날아가리니
해산하는 것이나 아이 배는 것이나 임신하는 것이 없으리라
혹 그들이 자식을 기를지라도
내가 그 자식을 없이하여 한 사람도 남기지 아니할 것이라
내가 그들을 떠나는 때에는
그들에게 화가 미치리로다(호 9:10-12).

정착과 더불어 문제가 시작되었다. 모세의 노래에서 정착은 가나안이 아닌 모세가 아모리 왕들, 즉 시혼과 옥을 무찌르고 이스라엘에게 영토를 분배한 이후에 요단 동편에서 이루어진 일로 나타난다. 그때에 백성들은 정착생활의 훌륭한 소산들을 즐기기 시작했고, 점점 살이 쪘으며, 그들을 만들어 주신 하나님을 저버렸다(신 32:13-18). 최악의 배교행위는 바알브올에서 일어났다(민 25:1-9; 신 4:3).

야웨는 호세아를 통해서 광야로 회귀하는 것이야말로 신실하지 못한 이스라엘을 구제하는 길임을 말씀한다.

그러므로 보라 내가 그를 타일러
거친 들로 데리고 가서
말로 위로하고
거기서 비로소 그의 포도원을 그에게 주고
아골 골짜기로 소망의 문을 삼아 주리니
그가 거기서 응대하기를 어렸을 때와

애굽 땅에서 올라오던 날과 같이 하리라(호 2:14–15).

신혼여행을 통해 회복된 이후 이스라엘은 다시 한 번 야웨를 '나의 남편'이라고 부르게 될 것이다(호 2:16).

이러한 이상주의는 북왕국 이스라엘에서 이미 생겨났다. 호세아의 이상주의는 시온 전승을 교육받은 이사야의 이상주의와 많이 다르다. 이사야는 이스라엘이 다윗과 같은 왕을 다시 한 번 얻어 그의 통치하에 누리게 될 평화로운 시대의 도래를 예고하면서, 예루살렘에 임한 불행한 일들에 대해 답을 제시한다(사 2:4, 9:6-7, 11:1-9). 야웨의 거룩한 산은 새 에덴동산이 될 것이다. 이사야는 그때를 다음과 같이 묘사한다.

그 때에 이리가 어린 양과 함께 살며
표범이 어린 염소와 함께 누우며
송아지와 어린 사자와 살진 짐승이 함께 있어
어린 아이에게 끌리며
암소와 곰이 함께 먹으며
그것들의 새끼가 함께 엎드리며
사자가 소처럼 풀을 먹을 것이며
젖 먹는 아이가 독사의 구멍에서 장난하며
젖 뗀 어린 아이가 독사의 굴에 손을 넣을 것이라
내 거룩한 산 모든 곳에서
해 됨도 없고 상함도 없을 것이니
이는 물이 바다를 덮음 같이
여호와를 아는 지식이 세상에 충만할 것임이니라(사 11:6–9).

신명기 역사가는 비슷하지만 다른 방식으로 다윗 같은 왕을 고대하는 마음을 표현한다. 다윗과 솔로몬의 '황금기'가 지나간 이후, 본문은 르호보암의 아들이자 솔로몬의 손자인 아비얌 왕의 사망 소식을 전해주고 있다.

> 아비얌이 그의 아버지가 이미 행한 모든 죄를 행하고 그의 마음이 그의 조상 다윗의 마음과 같지 아니하여 그의 하나님 여호와 앞에 온전하지 못하였으나 그의 하나님 여호와께서 다윗을 위하여 예루살렘에서 그에게 등불을 주시되 그의 아들을 세워 뒤를 잇게 하사 예루살렘을 견고하게 하셨으니 이는 다윗이 헷 사람 우리아의 일 외에는 평생에 여호와 보시기에 정직하게 행하고 자기에게 명령하신 모든 일을 어기지 아니하였음이라(왕상 15:3-5).

신명기 역사에 나오는 왕들의 사망 보도는 비슷한 계보로 진행된다. 유다의 왕들은 다윗과 비교되거나 혹은 대조된다(왕상 15:11; 왕하 8:19, 14:3, 16:2, 18:3, 22:2). 반면 이스라엘의 왕들은 선대의 악한 왕들, 특히 느밧의 아들 여로보암과 비교된다(왕상 15:26, 34, 16:7, 19, 25-26, 30-31, 22:52; 왕하 3:3, 10:29, 31, 13:2, 6, 11, 14:24, 15:9, 18, 24, 28).

예레미야는 예언 사역 후반에 이르러 다윗과 같은 왕의 치하에서 회복될 이스라엘을 전망하고 있으나(렘 23:5-6, 30:8-9, 33:14-16), 그의 초기 설교는 이스라엘이 야웨를 향한 사랑으로 불타오르고, 야웨는 이스라엘의 보호자이셨던 광야 시대에 초점을 맞추고 있다. 호세아와 마찬가지로 예레미야도 광야 시대를 낭만적인 눈으로 본다. 예레미야의 서론 신탁에서 야웨는 다음과 같이 말씀하신다.

> 내가 너를 위하여
> 네 청년 때의 인애와 네 신혼 때의 사랑을 기억하노니
> 곧 씨 뿌리지 못하는 땅, 그 광야에서 나를 따랐음이니라
> 이스라엘은 여호와를 위한 성물 곧 그의 소산 중 첫 열매이니

그를 삼키는 자면 모두 벌을 받아 재앙이 그들에게 닥치리라
여호와의 말씀이니라(렘 2:2-3).

이것은 순수한 낭만주의이다. 광야에서의 이스라엘의 불신앙은 출애굽기와 신명기에 상세히 기록되어 있다. 출애굽기에서 최악의 배교 행위는 시내산에서 황금 송아지를 만든 것이다(출 32장). 이스라엘의 불순종은 신명기(신 1:26-46, 9:6-29)에도, 그리고 예레미야서(렘 7:25-26)와 에스겔서(겔 20:13-26)에도 기록되어 있다.

그러나 예레미야의 이상주의는 2장에서도 계속되는데, 여기서 야웨는 다음과 같이 말씀하신다.

너희 조상들이 내게서 무슨 불의함을 보았기에
나를 멀리하고 가서 헛된 것을 따라 헛되이 행하였느냐

그들이 우리를 애굽 땅에서 인도하여 내시고
광야 곧 사막과 구덩이 땅,
건조하고 사망의 그늘진 땅,
사람이 그 곳으로 다니지 아니하고
그 곳에 사람이 거주하지 아니하는 땅을
우리가 통과하게 하시던 여호와께서 어디 계시냐 하고
말하지 아니하였도다

내가 너희를 기름진 땅에 인도하여
그것의 열매와 그것의 아름다운 것을 먹게 하였거늘
너희가 이리로 들어와서는
내 땅을 더럽히고 내 기업을 역겨운 것으로 만들었으며

제사장들은 여호와께서 어디 계시냐 말하지 아니하였으며
율법을 다루는 자들은 나를 알지 못하며
관리들도 나에게 반역하며
선지자들은 바알의 이름으로 예언하고

무익한 것들을 따랐느니라
그러므로 내가 다시 싸우고
너희 자손들과도 싸우리라
여호와의 말씀이니라(렘 2:5-9).

여기서 범죄는 광야에서가 아니라 이스라엘이 땅에 정착했을 때 뿌리 내린 것이다. 이러한 생각은 앞에서도 언급되었듯이 모세의 노래에서 나온 것으로 보인다.

예레미야의 다른 설교들도 광야 시절에 초점을 맞추고 있다. 예레미야는 희생 제사를 비판하면서 희생이 광야 시절에 주어진 명령이 아니라고 말하는데(렘 7:21-26), 이는 제사 전승(출 20:24, 24:5; 민 28:6)의 지지를 받을 수 없는 말이다. "칼에서 벗어난 백성이 광야에서 은혜를 입었나니"(렘 31:2)라는 예레미야의 희망의 신탁은 후기보다는 초기의 것으로 보인다.

구원과 함께 시작되고 끝나는 역사

예레미야는 미래에 대한 희망의 신탁, 즉 가장 중요한 새 계약의 예언을 주었다. 주로 31장에 나오는 '보라, 날이 이르리니' 신탁들은 언제일지 알 수 없으나, 야웨의 약속들이 확실히 성취될 미래의 한 날을 언급한다. 미래의 희망을 예언할 때에도 예레미야는 아마도 이전 시대의 구원(신 32:7-14)으로부터 미래의 구원(신 32:34-43)으로 진행하는 모세의 노래에서 또다시 영향받고 있는 것 같다. 심판은 두 개의 구원 사이에 임한다(신 32:15-33). 이스라엘이 배교에 대한 벌을 받고 그 남은 자들이 보존되어 있을 때, 그리고 적들이 계약의 백성을 멸절시키려고 할 즈음에 미래의 구원이 다가올 것이며, 야웨 하나님이 적들을 벌하실 것이다. 적들에 대한 징벌은 이스라엘에게는 자비이다. 역사는 구원으로 시작해서 구원으로 끝난다.

5장

예레미야와 창조 질서

사람들이 칼과 기근과 질병으로 죽고 그가 사랑하는 땅이 사람이 살 수 없는 폐허로 변하며 사랑하는 나라가 수치스러운 종말로 떨어지게 될 그 재앙의 전야에 살았던 예레미야, 우리는 그가 창조에 대해서는 어떤 생각을 하고 있었는지를 질문하게 된다. 우리는 제2이사야로부터 많은 것을 배운다. 제2이사야가 창조에 대해서 말하는 부분들(사 40:21-31, 42:5-9, 43:1-7, 44:1-5, 21-28, 45:12-18, 51:12-16)의 웅변은 창세기 1장, 시편 104편과 성서의 다른 창조 본문들과도 비교된다. 새 하늘과 새 땅에 대해 말한 예언자도 바로 제2이사야이다(사 65:17). 새 하늘과 새 땅은 신약성서의 맨 마지막에서 궁극적이고 절정에 이른 모습으로 표현된다(계 21:1-22:5). 예레미야서의 웅변은 첫눈에 보기에도 한편으로는 창조 세계의 역행(렘 4:23-26), 그리고 다른 한편으로는 새 계약의 예언(렘 31:31-34)을 표현하려는 것처럼 보인다.

사실 예레미야는 야웨와 창조 질서에 관하여 많은 말을 하고 있다. 그 중에서 우리는 창조 세계가 원시의 혼돈으로 되돌아가는 환상을 포함하여, 창조의 역행에 관한 예레미야의 선포들을 먼저 살피려 한다. 창조의 역행이라는 주제는 초기와 중기의 설교에서 예레미야의 주된 관심사였다. 우리는 예레미야가 당대를 살아가는 사람들에게 그렇게 방대한 규모로 파멸의 원인을 전하려 했음을 알아야 하며, 동시에 창조 질서의 파괴성은 일상적인 대화의 주제로서 오늘의 우리를 위한 것이기도 하다.

우주적인 멸망의 환상

예레미야 4장에 나오는 '우주적인 멸망의 환상'은 아마도 예레미야서에서 가장 잘 알려진 부분일 것이다. 본문은 창조 질서가 원시의 혼돈으로 되돌아가는 모습을 다음과 같이 그리고 있다.

보라 내가 땅을 본즉 혼돈하고 공허하며
하늘에는 빛이 없으며
내가 산들을 본즉 다 진동하며
작은 산들도 요동하며
내가 본즉 사람이 없으며
공중의 새가 다 날아갔으며
보라 내가 본즉 좋은 땅이 황무지가 되었으며
그 모든 성읍이
여호와의 앞
그의 맹렬한 진노 앞에 무너졌으니(렘 4:23-26).

이 환상은 창세기 1장의 창조 기사를 반영하고 있다. 창조 기사의 특징적인 언어('혼돈하고 공허한')와 균형 잡힌 용어들('하늘'과 '땅'), 강렬한 어조를 재현하면서 그 자체로 고도의 수사학적인 수준을 견지하고 있다. 이것은 예언자의 어록들, 어쩌면 고대와 현대의 모든 문학 작품에서도 찾아보기 어려울 것이다. 반복되는 표현들('내가 ~ 보았다 ~ 보라!')과 균형

잡힌 말들('땅'과 '하늘', '산'과 '언덕', '떨림'과 '출렁거림', '인간'과 '새', '동산'과 '도시')을 한 쌍의 절정 구절('야웨 앞에서, 그의 타오르는 분노 앞에서')에 축약하여 부연하면서 창조의 역행을 모의적으로 실행한다. 창조가 야웨 하나님의 선물이었다면, 실제로 그렇기 때문에, 창조의 되돌림은 야웨의 맹렬한 진노의 결과이다.

또 다른 장면에서 예레미야는 창조 세계가 해체되는 모습을 본다. 불에 타는 산들, 사람과 가축과 짐승이 사라지고 머리 위에 새들도 없는 목장을 보면서 예레미야는 눈물을 흘린다.

> 내가 산들을 위하여 울며 부르짖으며
> 광야 목장을 위하여 슬퍼하나니
> 이는 그것들이 불에 탔으므로 지나는 자가 없으며
> 거기서 가축의 소리가 들리지 아니하며
> 공중의 새도 짐승도
> 다 도망하여 없어졌음이라(렘 9:10-11).

환상과 은유를 실제 상황과 혼합하는 이러한 묘사법은 예언서들 전반에 걸쳐 나타난다. 암흑으로의 회귀는 야웨의 심판의 날을 묘사하기 위해 자주 쓰는 표현이다(암 5:18-20, 8:9; 사 13:10; 욜 2:2). 그날에 땅은 메마를 것이고, 산과 언덕이 요동할 것이다(암 1:2; 나 1:4-6). 요엘 1장은 가뭄과 기근을 강조하는데, 요엘은 이 경우 진정한 '에덴동산'이 사막의 황무지로 변하는 것을 본다(욜 2:3). 그날에 짐승, 새 그리고 물고기가 사라질 것이고(호 4:3), 스바냐의 환상에서는 인간도 멸절된다(습 1:2-3). 무고한 시민들, 여자와 아이들, 동물들, 나무들, 혹은 땅의 열매들이 심판을 면한다는 말은 전혀 나오지 않는다(렘 7:20, 21:6, 36:29; 참조. 신 32:22). 하나님의 진노는 모든 창조 세계에 임할 것이고, 실제로 임했다(렘 32:43, 33:10, 12). 미국 남북전쟁 기간에 있었던 게티스버그 전투(1863년 7월

1-3일)의 전장에서 죽어간 것은 군인들만이 아니었다. 전투가 벌어진 피치 오차드와 주변 땅들도 폐허가 되었고, 수천 마리의 말이 죽어 쓰러진 채 묻히길 기다리고 있었다. 다른 전쟁들에서는 이보다 더한 대규모 파괴가 일어났다.

다른 예언자들의 환상처럼 예레미야의 환상도 단지 환상일 뿐이었고, 사태는 악화되고 있었지만, 창조된 세계가 결코 원시의 혼돈으로 되돌아가지는 않았다. 그래도 예레미야의 예언은 대단한 충격으로 다가왔다. 예레미야는 창조보다 혼돈을, 시작보다 종말을, 그리고 세우시는 야웨보다 부수시는 야웨를 더 많이 보았다고 우리에게 말하고 있다. 궁켈은 '종말의 때'란 '시작의 때'로 회귀하는 것이라고 말했는데,[1] 예레미야에게 회귀는 창조 그 자체의 시작으로 회귀하는 것이었다.

예루살렘의 이사야는 전혀 다른 그림을 그리고 있다. 그는 유형론적으로 그렇게까지 먼 과거가 아닌, 단지 완벽한 조화를 이루었던 창조 시대로 되돌아간다. 이사야에게 종말의 때란 부조화의 시대들이 지나간 후 회복된 조화로 돌아가는 때였다. 그날의 모습은 다음과 같을 것이다.

그 때에 이리가 어린 양과 함께 살며
표범이 어린 염소와 함께 누우며
송아지와 어린 사자와 살진 짐승이 함께 있어
어린 아이에게 끌리며
암소와 곰이 함께 먹으며
그것들의 새끼가 함께 엎드리며
사자가 소처럼 풀을 먹을 것이며

---

1) Hermann Gunkel, *Schöpfung und Chaos in Urzeit und Endzeit*(Göttingen: Vandenhoeck & Ruprecht, 1895)[English: *Creation and Chaos in the Primeval Era and the Eschaton*, trans. K. William Whitney, Jr.(Grand Rapids: Eerdmans, 2006)].

젖 먹는 아이가 독사의 구멍에서 장난하며
젖 뗀 어린 아이가 독사의 굴에 손을 넣을 것이라
내 거룩한 산 모든 곳에서
해 됨도 없고 상함도 없을 것이니
이는 물이 바다를 덮음 같이
여호와를 아는 지식이 세상에 충만할 것임이니라(사 11:6-9).

예레미야는 아내와 아이를 갖지 않는 상징적 행동을 통해서 창조 세계의 멸망이 예정되어 있다는 메시지를 전하도록 부르심 받았다(렘 16:2). 고대 이스라엘에서 결혼은 창조 질서의 일부로 간주되었으며(창 2:18-24), 아이들은 큰 복으로 여겨졌다(창 22:17; 시 128편). 창조 때부터 계속되어 온 하나님의 명령은 '생육하고 번성하는 것'이었다(창 1:28, 8:17, 9:1, 7). 따라서 독신 생활이란 매우 드문 일이었다(신 7:14). 그러나 임박한 고난 앞에서 생육하라는 명령은 유보된다. 사도 바울도 고린도교회에 편지를 쓸 때 이와 유사하게 생육하라는 명령에 대한 유보를 권유했다(고전 7:26-31; 참조. 눅 23:29).

바빌론에 대한 신탁들 중 뛰어난 기교로 지어진 한 시에서 예레미야는 신화적 이미지를 차용하여 여인 예루살렘이 느부갓네살에게 당한 일을 애통하고, 이어서 야웨께서 강력한 바빌론을, 즉 바빌론의 유명한 강, 운하, 인공 연못들과 결정적으로는 그들의 무능한 신 벨 마르둑을 파괴하시는 모습을 그리고 있다(렘 51:34-45). 바다가 혼돈의 힘이 되어 바빌론 위에 넘칠 것이며, 바빌론만이 아니라 자매 도시들도 먼지만 남고 메마른 폐허가 될 것이다.

바다가 바벨론에 넘침이여
그 노도 소리가 그 땅을 뒤덮었도다
그 성읍들은 황폐하여

마른 땅과 사막과
사람이 살지 않는 땅이 되었으니
그리로 지나가는 사람이 없도다
내가 벨을 바벨론에서 벌하고
그가 삼킨 것을 그의 입에서 끌어내리니(렘 51:42-44a).

선한 창조 세계가 부패하다

게르하르트 폰 라트를 비롯한 여러 학자는 하나님의 창조 역사가 구약에서 독립적인 교리로 존재하는 것이 아니라 하나님의 구속과 구원의 역사, 특별히 이스라엘의 구속 및 구원과 맞물려 있음을 지적했다.[2] 예레미야와 예언자들은 단순히 야웨의 창조를 긍정하거나 창조의 역행을 한탄하는 것에 관심을 두지 않았다. 물론 예레미야는 이 두 가지를 상당히 많이 언급하기는 했지만 예레미야에게 중요한 문제는 근본적으로 계약의

2) G. von Rad, "The Theological Problem of the Old Testament Doctrine of Creation," in *The Problem of the Hexateuch and Other Essays*, trans. E. W. Trueman Dicken(London: SCM Press, 1984), 131-143[=Bernard W. Anderson (ed.), *Creation in the Old Testament*(Philadelphia: Fortress Press, 1984), 53-64]; *Old Testament Theology*, I, trans. D. M. G. Stalker(Edinburgh and London: Oliver & Boyd, 1962), 124, 136-139; Walter Eichrodt, "In the Beginning," in Bernard W. Anderson and Walter Harrelson(eds.), *Israel's Prophetic Heritage: Essays in Honor of James Muilenburg*(New York: Harper & Bros., 1962), 8[=B. W. Anderson(ed.), *Creation in the Old Testament*, 70-71]; Dennis J. McCarthy, "'Creation' Motifs in Ancent Hebrew Poetry," in B. W. Anderson(ed.), *Creation in the Old Testament*, 75-76; H. H. Schmid, "Creation, Righteousness, and Salvation," in B. W. Anderson(ed.), *Creation in the Old Testament*, 103, 슈미드는 더 나아가 창조가 성서의 신학에서 근본적인 주제라고 말하긴 했다(111).

위반으로 귀결되는 이스라엘의 죄악이었다. 이스라엘이 야웨와 그의 말씀, 그와 맺은 계약을 지키지 못했기 때문에 창조 질서가 전복되는 고통이 생겨났다.

신명기는 야웨가 이스라엘에게 탁월하게 좋은 땅을 주셨다고 진술한다. 모세는 백성에게 다음과 같이 말했다.

> 네 하나님 여호와께서 너를 아름다운 땅에 이르게 하시나니
> 그 곳은 골짜기든지 산지든지
> 시내와 분천과 샘이 흐르고
> 밀과 보리의 소산지요 포도와 무화과와 석류와
> 감람나무와 꿀의 소산지라
> 네가 먹을 것에 모자람이 없고
> 네게 아무 부족함이 없는 땅이며
> 그 땅의 돌은 철이요
> 산에서는 동을 캘 것이라
> 네가 먹어서 배부르고 네 하나님 여호와께서
> 옥토를 네게 주셨음으로 말미암아 그를 찬송하리라(신 8:7-10).

그러나 예레미야서에서 야웨는 그가 선물로 주신 땅과 그 땅을 소유한 이스라엘에 대하여 다음과 같이 말씀하신다.

> 내가 너희를 기름진 땅에 인도하여
> 그것의 열매와 그것의 아름다운 것을 먹게 하였거늘
> 너희가 이리로 들어와서는 내 땅을 더럽히고
> 내 기업을 역겨운 것으로 만들었으며(렘 2:7).

정착 이후부터 모든 일이 잘못되기 시작했다는 시각은 모세의 노래

(신 32:10-18)에서 유래한 것인데, 예레미야가 이 노래를 익숙하게 알고 있었다는 것이 분명히 드러난다(렘 2:2-9).

또 다른 본문에서 예레미야는 야웨께서 딸 이스라엘에게 주신 선물의 땅이 그녀를 신실함으로 이끌기를 원했다고 말한다. 그러나 그의 탄원과도 같이 그 반대의 상황이 일어났다. 야웨는 다음과 같이 말한다.

> 내가 말하기를
> 내가 어떻게 하든지 너를 자녀들 중에 두며
> 허다한 나라들 중에 아름다운 기업인
> 이 귀한 땅을 네게 주리라 하였고
> 내가 다시 말하기를 너희가 나를 나의 아버지라 하고
> 나를 떠나지 말 것이니라 하였노라
> 그런데 이스라엘 족속아 마치 아내가 그의 남편을 속이고 떠나감 같이
> 너희가 확실히 나를 속였느니라 여호와의 말씀이니라(렘 3:19-20).

에스겔 역시 이스라엘이 받은 땅을 "모든 땅 중의 아름다운 곳"(겔 20:6, 15)이라고 부르는데, 여기에도 예레미야의 예언이 메아리치고 있다.

예레미야는 아마도 모세의 노래를 통해 야웨가 이스라엘의 아버지(렘 3:4, 31:9)임을 배웠을 것이다. 여기서 모세는 창조하신 일이 완벽하고 그의 길이 정의로우신 하나님을 부패한 마음으로 대했던 광야의 세대를 질타하고 있다(신 32:4-6). 모세는 다음과 같이 말한다.

> 어리석고 지혜 없는 백성아
> 여호와께 이같이 보답하느냐
> 그는 네 아버지시요 너를 지으신 이가 아니시냐
> 그가 너를 만드시고 너를 세우셨도다(신 32:6).

초기 예레미야 신탁은 계약 백성들을 질타한다. 야웨는 그들이 어떠한 백성인지에 대해 다음과 같이 말씀하신다.

그들이 나무를 향하여 너는 나의 아버지라 하며
돌을 향하여 너는 나를 낳았다 하고
그들의 등을 내게로 돌리고
그들의 얼굴은 내게로 향하지 아니하다가(렘 2:27ab).

이 말들은 가나안 풍산의 성적 상징을 뒤집는 역설적 표현이다. 본래는 나무(혹은 나무 막대기)가 여성 풍산의 상징인 아세라이고, 돌(기둥)이 남성 풍산의 상징이다. 본문은 두 가지를 의도적으로 뒤집었다.

예레미야의 또 다른 신탁(렘 2:20-22)에서 야웨는 이스라엘이 부패했다고 말하면서 어떻게 그런 일이 일어났는지를 물으신다. 예레미야는 모세의 노래에서와 같이 이스라엘의 적을 독포도를 생산하는 이방의 포도나무로 상기함으로써, 좋은 포도나무 품종과 나쁜 포도나무의 품종을 인식하고 있었다(신 32:32-33). 예레미야는 다음과 같이 이스라엘의 과거와 현재를 대조하고 있다. 즉, 야웨는 이스라엘을 좋은 포도나무로 심으셨지만 지금의 이스라엘은 다른 무언가가 되어버렸다. 야웨가 다음과 같이 이스라엘에게 말씀하신다.

내가 너를 순전한 참 종자
곧 귀한 포도나무로 심었거늘
내게 대하여 이방 포도나무의
악한 가지가 됨은 어찌 됨이냐(렘 2:21).

소렉 포도나무는 진빨강 색깔의 포도를 생산하는 고급 품종이다(창 49:11; 사 5:2). 예레미야의 계속되는 은유적 표현에서, 야웨는 이스라엘이 땅에 정착한 일과 그 땅의 이전 거주민들처럼 변해버린 일, 즉 신명기가 가장 통렬하게 비판하는 문제를 다시 한 번 언급하신다(예컨대 렘 12장). 이스라엘은 계약의 멍에를 꺾고 "모든 높은 산 위에서와 모든 푸른 나무 아래에서" 음행을 행했다(렘 2:20). 호세아는 포도나무 은유를 사용하여 비슷하게 북이스라엘을 고발했고(호 10:1-2), 이사야는 잘 알려진 '포도원의 노래'(사 5:1-7)에서 유다에 대해 포도나무 은유를 사용하였다. 자연 질서에서 이러한 일들은 일어나지 않는다. 좋은 포도나무는 좋은 모습으로 남고, 나쁜 포도나무는 나쁜 모습 그대로 남는다. 예레미야의 다른 신탁에서도 마찬가지로 야웨는 이방의 포도나무와 뻗어나간 가지들을 쳐내라고 요구하신다(렘 5:10).

규칙적인 창조, 불규칙적인 유다

예레미야는 무엇보다 창조 질서의 규칙성에 주목했으며, 이러한 규칙성의 사례들을 인용함으로써 계약 백성들의 상궤를 벗어난 행동을 대조적으로 드러내고자 했다. 후자는 때때로 불신앙으로까지 확대되었다.

예레미야는 한 신탁에서 안정과 반역이라는 주제를 부각시키기 위해서 창조와 지혜라는 주제를 결합시켰다(렘 5:20-25). 예레미야는 항상 위협적인 바다를 야웨가 통제하시며, 물결이 넘치지 못하도록 모래 해변을 경계로 삼으셨다고 말한다(렘 5:22-23; 시 104:9, 148:6; 잠 8:29; 욥 26:12, 38:8-11). 이 신탁에서 야웨는 먼저 백성들이 자기를 경외하는지 물은 후에, 사납지만 통제되는 바다와, 돌아서서 자기의 길을 가버린 계약 백성을 대조한다.[3]

---

3) Hans-Jürgen Hermisson, "Observations on the Creation Theology in Wisdom," in B. W. Anderson(ed.), *Creation in the Old Testament*, 130; John Barton,

여호와의 말씀이니라 너희가 나를 두려워하지 아니하느냐
내 앞에서 떨지 아니하겠느냐
내가 모래를 두어 바다의 한계를 삼되
그것으로 영원한 한계를 삼고 지나치지 못하게 하였으므로
파도가 거세게 이나 그것을 이기지 못하며
뛰노나 그것을 넘지 못하느니라
그러나 너희 백성은 배반하며 반역하는 마음이 있어서
이미 배반하고 갔으며(렘 5:22-23).

같은 신탁에서 예레미야는 백성들이 계절에 따라 비를 내리고 추수의 기간을 결정하시는 야웨를 경외하지 않는다고 대답한다.

또 너희 마음으로
우리에게 이른 비와 늦은 비를 때를 따라 주시며
우리를 위하여 추수 기한을 정하시는
우리 하나님 여호와를 경외하자 말하지도 아니하니(렘 5:24).

이 신탁은 백성들의 죄악이 이러한 좋은 것들을 막았다고 결론짓는다(25절). 죄악의 행동이 창조 질서의 규칙성을 무너뜨린다.

또 다른 본문에서, 예레미야는 끊임없이 신선한 물이 흐르는 우물과 끊임없이 악한 행동을 하는 사람을 대조한다. 여기에는 히브리어 언어유희가 사용되고 있다.

샘이 그 물을 솟구쳐냄 같이

"History and Rhetoric in the Prophets," in Martin Warner(ed.), *The Bilble as Rhetoric*(London and New York: Routledge, 1990), 59를 보라.

그가 그 악을 드러내니(렘 6:7).

신선한 물을 내는 우물이 계속해서 좋은 우물인 것처럼, 유다는 계속해서 악하다.

예레미야는 계약 백성과 철새들을 대조하면서 '지식'의 문제를 말하는데, 이 경우에는 지식 결핍에 초점을 맞춘다. 백성들이 슬프게도 지식이 부족하다는 사실을 예레미야는 호세아로부터 배웠을 것이다(호 4:1, 6, 5:4, 6:6; 렘 4:22). 예레미야는 이 모든 문제가 결국 백성들이 야웨의 질서를 알지 못하기 때문이라고 말하면서 신탁(렘 8:4-7)의 결론을 맺는다.

공중의 학은 그 정한 시기를 알고
산비둘기와 제비와 두루미는 그들이 올 때를 지키거늘
내 백성은 여호와의 규례를 알지 못하도다(렘 8:7).

언제 남쪽으로 날아가고 언제 북쪽으로 날아가야 하는지를 본능적으로 알고 있는 철새들은 야웨의 통제하에 있는 창조 세계의 질서정연함을 나타낸다. 그러나 야웨의 계약 백성들은 그 어떤 능력들을 가지고 있든지 간에 그들을 위한 야웨의 질서를 알지 못하고 있다. 히에로니무스는 이 구절을 주석하면서, 다음과 같이 이사야 말씀을 인용했다. "소는 그 임자를 알고 나귀는 그 주인의 구유를 알건마는 이스라엘은 알지 못하고 나의 백성은 깨닫지 못하는도다"(사 1:3).

또 다른 신탁(렘 18:13-17)에서 예레미야는 레바논 산들의 눈과 시내들에 드러난 자연의 규칙성을 관찰하면서, 믿음직스러운 자연의 경이로움과 계약을 잊어버리고 우상을 따르는 백성들을 대조하고 있다. 다음과 같이 한 쌍의 수사적 질문에서 대조가 나타난다.

레바논의 눈이 어찌 들의 바위를 떠나겠으며

먼 곳에서 흘러내리는 찬물이 어찌 마르겠느냐
무릇 내 백성은 나를 잊고 허무한 것에게 분향하거니와(렘 18:14-15).

인간의 죄악은 자연 질서를 거스르며, 더 나아가 자연의 질서가 사람의 죄악된 행동으로 인해 심히 어그러진다(렘 5:24-25). 후자는 예레미야 설교의 주요한 주제이다. 예레미야 3:2-3에서 예레미야는 먼지가 이는 헐벗은 산에서 백성들이 성적인 부도덕을 행함으로써 땅이 오염된다고 지적한다. 예레미야는 다음과 같이 말한다.

그러므로 단비가 그쳤고
늦은 비가 없어졌느니라(렘 3:3).

이스라엘 사람들은 야웨를 비를 내려주시는 분으로 널리 고백했지만(신 11:11-12; 호 6:3; 렘 5:24, 14:22; 시 104:10-16, 147:8; 욥 5:10), 백성들이 가나안의 음행을 받아들이자 야웨는 비를 그치게 하신다. 아모스는 야웨가 비를 그치게 하셨는데도 백성들에게 아무런 효과 없었던 일을 상기했다(암 4:7-8). 호세아는 계약을 배반한 백성들로 인해 땅이 슬퍼하는 것을 보았다(호 4:1-3). 이사야는 계약에 대한 배반을 슬픔에 빠진 창조 세계와 연결했다(사 24:4-7). 예레미야가 같은 생각을 반복하는 것도 놀라운 일은 아니다(렘 4:28, 12:4, 11, 14:1-10, 23:10). 예레미야 14:1-6에서 묘사되는 가뭄은 특히 심각했다. 농부들과 귀인들은 머리를 가리고, 들 나귀는 시력을 잃고, 들의 암사슴은 새끼를 내버린다. 유다 전체가 슬픔 속에 엎드렸고, 예루살렘의 울부짖음이 솟구쳤다고 예레미야는 말한다. 비도 계약과 연관된 복이었고, 가뭄도 계약과 연관된 저주였다. 신명기에 따르면 계약에 대한 순종은 비와 풍요로운 곡식을 가져온다(신 11:13-15, 28:12). 그러나 백성들이 돌아서서 다른 신들을 숭배한다면 하늘은 놋이 되고 땅은 쇠처럼 단단해질 것이다(신 28:23). 곡식이 없으면 계약 백성들이 죽게 될 것이다(신 11:16-17, 28:24).

동물처럼 행동하는 사람들

예레미야는 창조 세계 안에서 위계질서를 전제하는 것으로 보인다. 창세기 1장은 창조 질서 안에서 남녀 사람이 동물, 새 그리고 다른 생물들보다 더 상위에 위치해 있고 더 큰 책임이 있음을 명백하게 말한다. 반면, 2장에 나오는 야웨 기자의 창조 기사는 다소 다르게 진술한다(창 1:26-28, 2:18-23; 참조. 마 6:26). 예레미야는 이 위계질서가 붕괴되고 있다는 신호들을 은유와 직유로 표현한다. 사람들은 자신의 위치를 인식하지 못하거나 노골적으로 범죄하거나, 혹은 단순한 무지로 인해서 동물의 행동을 따라하고 있다. 초기 신탁(렘 2:23-25a)에서 예레미야는 바알을 따르는 백성을 춤추는 젊은 낙타나 발정기의 야생 당나귀로 비교한다.

> 네가 어찌 말하기를 나는 더럽혀지지 아니하였다
> 바알들의 뒤를 따르지 아니하였다 하겠느냐
> 골짜기 속에 있는 네 길을 보라
> 네 행한 바를 알 것이니라
> 발이 빠른 암낙타가 그의 길을 어지러이 달리는 것과 같았으며
> 너는 광야에 익숙한 들암나귀들이
> 그들의 성욕이 일어나므로 헐떡거림 같았도다
> 그 발정기에 누가 그것을 막으리요(렘 2:23-24).

또 다른 본문에서 예레미야는 살진 사람들을 짝짓기에 미쳐 날뛰는 수말에 비교하고 있다. 배불리 먹은 남자들이 간음을 행하고 창기의 집으로 간다. 그러므로 야웨께서 다음과 같이 물으신다.

내가 어찌 너를 용서하겠느냐
네 자녀가 나를 버리고
신이 아닌 것들로 맹세하였으며
내가 그들을 배불리 먹인즉 그들이 간음하며
창기의 집에 허다히 모이며
그들은 두루 다니는 살진 수말 같이
각기 이웃의 아내를 따르며 소리지르는도다(렘 5:7-8).

모세의 노래는 이스라엘이 땅에 정착하고 그곳의 좋은 것들을 누리고 난 다음에 감사를 드리기는커녕 위대하신 공급자를 잊어버리고 다른 신들을 따랐다고 말한다(신 32:13-18). 호세아도 자기 시대에 이와 똑같은 일이 벌어지는 것을 보았다(호 2:8, 13:6).

예레미야는 계약 백성을 철새들과 대비하기도 하고(렘 8:4-9), 자기의 악을 깨닫지 못하는 백성을 가리켜 맹목적으로 싸움터로 달려 나가는 전쟁터의 말에 비교하기도 한다. 예레미야는 다음과 같이 말한다.

전쟁터로 향하여 달리는 말 같이
각각 그 길로 행하도다(렘 8:6).

또 다른 본문에서 예레미야는 불의한 소득을 쌓아가는 사람을 자기가 낳지 않은 알을 보살피거나 품는 자고새에 비유한다. 일을 잘못 처리함으로 인해서 그 둘은 모두 근본적인 손실을 치른다.

불의로 치부하는 자는 자고새가
낳지 아니한 알을 품음 같아서
그의 중년에 그것이 떠나겠고
마침내 어리석은 자가 되리라(렘 17:11).

하늘과 땅의 창조주 야웨

예레미야는 선포 초기에 계약의 불충과 창조의 역행을 집중적으로 다루었다. 그러나 좀 더 후기에는 천지의 창조주이신 야웨에 대한 굳은 신념이 어느 때부터 통제 불능 속에 일탈하게 되었는지를 언급한다. 예레미야서의 첫 번째 편집부(1-20장)의 중간에 나오는 제의 본문은 이스라엘 하나님을 찬양하고, 이방 국가의 가짜 신들보다 하나님을 높인다(10:1-16). 첫 번째 제의 본문(1-10절)에서 참 하나님이자 살아 계신 하나님 되신 야웨는 인간의 손으로 만들어지고 장식된 무기력한 우상과 비교될 수 없는 분으로 확증된다. 그 다음에 나오는 본문은 천지를 창조하지 않은 신들의 정체를 폭로하는 조롱의 구절들로서, 두 개의 제의 본문에 둘러싸여 더 큰 맥락의 절정을 이룬다. 이 구절에서 아람어로 기록된 '짓다'와 '망하다'라는 두 단어는 언어유희로 인해 아마도 번역되지 않은 채로 남겨졌을 것이다.

> 너희는 이같이 그들에게 이르기를 천지를 짓지 아니한 신들은
> 땅 위에서, 이 하늘 아래에서 망하리라 하라(렘 10:11).

두 번째 제의 본문(12-16절)은 근본적으로 찬송시인데, 후에 이방 국가에 대한 신탁(렘 51:15-19) 중간에 반복되어 나온다. 13절은 시편 135:7의 인용에 가까우며, 12-13절은 이전에는 알려지지 않았던 쿰란의 시편에서 발견되었다.[4] 이 찬송시는 예레미야의 것일 수도 있고, 출처가 알려지지 않은 채 취합 과정에서 예레미야서에 첨가된 것일 수도 있다. 폰 라

---

4) James A. Sanders, *The Dead Sea Psalms Scroll*(Ithaca, NY: Cornell University Press, 1967), 129-131.

트는 "야웨가 세계를 창조하고 보존하신다는 것은 구약의 찬송시들에 나타나는 가장 중요한 주제들 중 하나이다"[5]라고 언급했으며, 실제로도 그러했다(시 89:12[영어 성서 89:11], 102:26[영어 성서 102:25], 104:2-9, 148:5-6; 암 4:13, 5:8-9, 9:5-6). 본문은 세계를 창조하시고 야곱의 분깃이 되시는 야웨의 위대하심을 찬양하고 있다.

> 여호와께서 그의 권능으로 땅을 지으셨고
> 그의 지혜로 세계를 세우셨고
> 그의 명철로 하늘을 펴셨으며
> 그가 목소리를 내신즉 하늘에 많은 물이 생기나니
> 그는 땅 끝에서 구름이 오르게 하시며
> 비를 위하여 번개 치게 하시며
> 그 곳간에서 바람을 내시거늘
>
> 사람마다 어리석고 무식하도다
> 은장이마다 자기의 조각한 신상으로 말미암아 수치를 당하나니
> 이는 그가 부어 만든 우상은 거짓 것이요
> 그 속에 생기가 없음이라
> 그것들은 헛것이요 망령되이 만든 것인즉
> 징벌하실 때에 멸망할 것이나
>
> 야곱의 분깃은 이같지 아니하시니
> 그는 만물의 조성자요
> 이스라엘은 그의 기업의 지파라
> 그 이름은 만군의 여호와시니라(렘 10:12-16).

---

5) Von Rad, *Old Testament Theology*, I, 361.

우리는 하늘과 땅을 창조하신 야웨에 대한 신앙이 이스라엘과 계약을 맺으신 야웨의 신앙과 병행되는 것을 여기에서 다시 한 번 확인하게 된다.

멍에를 뒤집어 쓴 채로 이방 사신들에게 전하는 예레미야의 신탁에서, 야웨는 큰 능력으로 땅과 그곳의 생물들을 만들었기 때문에, 잠시 야웨의 종이 될 느부갓네살에게 그들을 넘겨줄 것이라고 말씀하신다.

> 그들에게 명령하여 그들의 주에게 말하게 하기를 만군의 여호와 이스라엘의 하나님께서 이와 같이 말씀하시되 너희는 너희의 주에게 이같이 전하라 나는 내 큰 능력과 나의 쳐든 팔로 땅과 지상에 있는 사람과 짐승들을 만들고 내가 보기에 옳은 사람에게 그것을 주었노라 이제 내가 이 모든 땅을 내 종 바벨론의 왕 느부갓네살의 손에 주고 또 들짐승들을 그에게 주어서 섬기게 하였나니 모든 나라가 그와 그의 아들과 손자를 그 땅의 기한이 이르기까지 섬기리라 또한 많은 나라들과 큰 왕들이 그 자신을 섬기리라(렘 27:4-7).

예레미야는 아나돗에 밭을 산 후 야웨께 기도로 질문을 하면서, 야웨를 하늘과 땅에 비교할 이가 없는 창조주로 고백하고 있다. 예레미야는 다음과 같이 말한다.

> 슬프도소이다 주 여호와여 주께서 큰 능력과 펴신 팔로 천지를 지으셨사오니 주에게는 할 수 없는 일이 없으시니이다(렘 32:17).

곧바로 뒤를 이어서 예레미야는 야웨를 이집트에서 구원해 주시고 땅을 주신 분으로 고백하고 있다. 예레미야의 기도가 다음과 같이 이어진다.

주께서 애굽 땅에서 표적과 기사를 행하셨고 오늘까지도 이스라엘과 인류 가운데 그와 같이 행하사 주의 이름을 오늘과 같이 되게 하셨나이다 주께서 표적과 기사와 강한 손과 펴신 팔과 큰 두려움으로 주의 백성 이스라엘을 애굽 땅에서 인도하여 내시고 그들에게 주시기로 그 조상들에게 맹세하신 바 젖과 꿀이 흐르는 땅을 그들에게 주셨으므로 그들이 들어가서 이를 차지하였거늘 주의 목소리를 순종하지 아니하며 주의 율법에서 행하지 아니하며 무릇 주께서 행하라 명령하신 일을 행하지 아니하였으므로 주께서 이 모든 재앙을 그들에게 내리셨나이다(렘 32:20-23).

예레미야는 하늘과 땅의 창조주이면서 이스라엘의 구원자이신 야웨의 두 가지 면을 고백하고 있다. 이러한 고백은 계약에 대한 불순종의 고발을 강화한다. 이와 비슷한 경우를 그 이전에는 모세의 노래에서 찾아볼 수 있다(신 32:1-18). 창세기에 나타난 두 가지 창조 기사들은 모두 의도적으로 '창조와 타락'이 균형을 이루도록 구성되어 있다. 야웨 기자는 창세기 2-3장에서 창조와 타락을 명백하게 병렬적으로 배치하고 있다. 반면 제사장 문서의 기자는 야웨 기자의 구상에 근거하여 '창조와 타락'을 1장과 홍수 이야기에 해당하는 6-9장에 실었다.

폰 라트와 다른 학자들은 창조 신학이 고대 이스라엘에서 후대에 발전된 것이며, 초기의 초점은 이집트 노예살이로부터 이스라엘을 구속하신 하나님께 맞추어졌다고 생각했다(사 45:12-13; 느 9:6-15). 이러한 관점에 따르면, 고대 이스라엘에서 출애굽 신앙은 선재적인 신앙이었다.[6] 그러나 오늘날에는 창조 사상이 대단히 오래된 것이며, 이른 시기에 이스라엘에 유입되어 포로기 이전, 아마도 왕정 초기부터 잘 정립되었을 것(왕상 8:22-23; 왕하 19:15)이라고 믿는 학자가 많아졌다.[7] 이를 포함한

---

6) Von Rad, "The Theological Problem of the Old Testament Doctrine of Creation," 131-143; *Old Testament Theology*, I, 124, 136-139.

여러 다른 이유를 감안할 때 예레미야에게 창조 신학은 후대에 들어온 것이 아님이 분명하다.[8] 우리가 살펴본 것과 같이, 예레미야 27:5와 32:17, 그리고 예레미야의 다른 곳에서도 창조 신학이 등장하고 있다.[9]

이방 국가들의 창조자이며 재창조자인 야웨

예레미야의 초기 설교에는 열방을 재창조하시는 야웨에 대한 충격적인 신탁이 나온다. 야웨는 최초로 이스라엘을 가장 중요하게 재창조하시지만, 다른 나라들도 재창조하신다. 이 신탁은 토기장이의 집에 찾아간 예레미야에게 임한 말씀(렘 18:1-10)으로, 예레미야는 야웨 기자의 창조 기사를 차용한다. 여기에서 토기장이이신 하나님은 땅의 진흙으로 사람을 '지으셨고', 그에게 생명의 숨을 불어 넣으셨으며(창 2:7-8), 또한 진흙으로 들의 짐승들과 공중의 새들을 '지으셨다'(창 2:19). 야웨가 예레미야를 모태에서 '지으셨다'라고 말씀하는 장면(렘 1:5)에서도 같은 히브리어 동사가 쓰였다. 이 동사는 구약의 다른 곳에서도 야웨의 창조적인 역사를 의미할 때 사용되었다(암 4:13; 렘 10:16[=51:19], 33:2; 시 94:9, 104:26).

토기장이의 집에서 예레미야는 망가진 그릇을 토기장이가 다시 만드

---

7) Schmid, "Creation, Righteousness, and Salvation," 111; George M. Landes, "Creation and Liberation," in B. W. Anderson(ed.), *Creation in the Old Testament*, 136-137; Terence Fretheim, *God and World in the Old Testament* (Nashville: Abingdon Press, 2005).

8) 예레미야 4:23-26에 나오는 '우주적 파괴'에 대한 예레미야의 비전은 창세기 1장의 창조 기사를 전제하고 있다는 것이 명백하다. 많은 학자는 Y. 카우프만을 따라 P문서를 포로기 이전 시대의 것으로 보고 있다. Lundbom, *Jeremiah 21-36*, 451 참조.

9) Lundbom, *Jeremiah 21-36*, 312-313.

는 것을 본다. 이어지는 신탁에서 야웨는 자신이 이스라엘을 포함한 이방 국가에 대해서 얼마나 더 참아야 하며, 필요하다면 다시 만들어야 하지 않겠냐고 말씀하신다. 하나님의 행동은 임의적이지 않다. 하나님께서 부술 것인지 건설할 것인지, 그리고 이방 국가들이 악행으로 반응할 것인지 혹은 회개로 반응할 것인지에 대해서 바로 앞에 진술된 하나님의 말씀에 따라 하나님의 행동이 결정되기 때문이다. 야웨는 다음과 같이 말씀하신다.

> 여호와의 말씀이니라 이스라엘 족속아 이 토기장이가 하는 것 같이 내가 능히 너희에게 행하지 못하겠느냐 이스라엘 족속아 진흙이 토기장이의 손에 있음 같이 너희가 내 손에 있느니라 내가 어느 민족이나 국가를 뽑거나 부수거나 멸하려 할 때에 만일 내가 말한 그 민족이 그의 악에서 돌이키면 내가 그에게 내리기로 생각하였던 재앙에 대하여 뜻을 돌이키겠고 내가 어느 민족이나 국가를 건설하거나 심으려 할 때에 만일 그들이 나 보기에 악한 것을 행하여 내 목소리를 청종하지 아니하면 내가 그에게 유익하게 하리라고 한 복에 대하여 뜻을 돌이키리라(렘 18:6-10).

건설하는 것과 심는 것에 대한 말씀은 이 부분만이 아니라 예레미야서 전반에 걸쳐 나온다. 야웨는 뽑거나 부수실 뿐만 아니라 건설하고 심기도 하신다(렘 1:10, 12:14-17, 24:6, 31:28, 32:41, 42:10, 45:4). 건설하시는 하나님에 대한 깨달음은 예레미야가 토기장이 집에 가서 알게 되었을 수도 있지만, 그 이전부터 알았을 가능성이 더 높다. 거룩한 사명으로 부르심을 받은 젊은 예레미야는 열방을 향한 그의 사명이 어떤 것인지에 대해 야웨의 말씀을 이미 들었을 것이다.

> 보라 내가 오늘 너를 여러 나라와 여러 왕국 위에 세워
> 네가 그것들을 뽑고 파괴하며 파멸하고 넘어뜨리며

건설하고 심게 하였느니라(렘 1:10).

예레미야의 필사자이자 친구였던 바룩은 야웨가 열방을 넘어뜨리고 뽑느라 분주하심을 알고 나서 슬픔에 빠졌다(렘 45:4; 참조. 렘 27:5-7). 그러나 야웨가 다시 한 번 건설하고 심으실 날이 올 것이며, 그날은 재창조의 날이 될 것이다.

고통스러운 뽑힘의 시기에 예레미야는 계약 백성들에게 그들이 바빌론에서 그리고 후에 고향에서 다시 건설될 날을 바라보라고 말한다. 이스라엘의 재창조는 예레미야가 포로민들에게 보낸 편지(29장)의 주요한 주제이다. 이 편지는 기원전 597년의 첫 추방 사건 직후 쓰인 것이다. 두 통의 편지(렘 29:1-23, 24-28)는 창세기 1:28의 '생육하고 번성하라'는 말을 반영한다.

> 너희는 집을 짓고 거기에 살며 텃밭을 만들고 그 열매를 먹으라 아내를 맞이하여 자녀를 낳으며 너희 아들이 아내를 맞이하며 너희 딸이 남편을 맞아 그들로 자녀를 낳게 하여 너희가 거기에서 번성하고 줄어들지 아니하게 하라….

야웨의 메시지는 집을 짓고 그곳에서 살아라, 텃밭을 만들고 그 열매를 먹으라(렘 29:5-6, 28)는 것이었다.

미래에 대한 몇몇 다른 신탁들에서 예레미야는 야웨께서 이스라엘과 유다의 통일 국가를 고향에 세우실 것이라고 말한다. 무엇보다 '심다'라는 동사가 쓰이고 있는데, 이것은 호세아 2:23을 반영한다.

> 여호와의 말씀이니라 보라 내가 사람의 씨와 짐승의 씨를 이스라엘 집과 유다 집에 뿌릴 날이 이르리니 깨어서 그들을 뿌리 뽑으며 무너뜨리며 전복하며 멸망시키며 괴롭게 하던 것과 같이 내가 깨어서 그들을 세우며

심으리라 여호와의 말씀이니라(렘 31:27-28).

다른 예언자들과 마찬가지로 예레미야는 깨뜨리시는 야웨의 역사가 끝난 이후에 이스라엘이 자기 땅에서 번성할 날이 올 것이라는 분명한 신념을 가지고 있었다(렘 3:16, 23:3, 30:19; 참조. 호 1:10; 겔 36:8-11; 사 49:20-21, 54:1-3). 재창조는 다른 나라들에게도 해당한다. 예레미야 12:14-17은 이스라엘의 원수들이 야웨의 길을 배우고 야웨의 이름으로 맹세를 한다면 그들도 뽑힘을 당한 다음에는 자기들의 땅으로 돌아갈 것이며, 다시 건설될 것이라고 말한다.

창조 세계와 맺은 야웨의 계약

예레미야서의 어떤 신탁들에서 야웨는 창조 세계와의 계약을 지키는 하나님으로 나타난다. 이 사상은 창세기 9:8-17의 노아 계약에서부터 발전된 것으로 보인다. 노아 계약은 아브라함과의 계약(창 15:5, 17:7, 13-14), 다윗과의 계약(삼하 7:12-16), 제사장 비느하스와의 계약(민 25:11-13)처럼 무조건적이고 영원한 계약이다.[10] 이 세 개의 계약이 예레미야서의 한 개 이상의 신탁들에서 언급되는 점은 놀랍지 않다. 노아 계약에서 야웨는 홍수 때 한 것처럼 다시는 그들을 멸망시키지 않겠다는 약속을 땅의 모든 생물과 맺으셨다. 이를 통해 미래에 있을 하나님의 멸망은 효과적으로 제한되었다.

몇 개의 짧은 신탁에서 예레미야는 야웨가 먼저 창조물과 맺은 영원한 계약(노아 계약)을 확증한 이후에, 조건절-귀결절로 이루어지는 논증

10) David Noel Freedman, "Divine Commitment and Human Obligation," *Int* 18 (1964), 419-431.

에서 야웨가 이스라엘의 자손과 맺은 계약(아브라함 계약)을 확증한다. 전자의 계약이 중단되지 않아야 후자의 계약도 중단되지 않기 때문이다.

> 여호와께서 이와 같이 말씀하셨느니라
> 그는 해를 낮의 빛으로 주셨고
> 달과 별들을 밤의 빛으로 정하였고
> 바다를 뒤흔들어 그 파도로 소리치게 하나니
> 그의 이름은 만군의 여호와니라
> 이 법도가 내 앞에서 폐할진대
> 이스라엘 자손도 내 앞에서 끊어져 영원히 나라가 되지 못하리라
> 여호와의 말씀이니라(렘 31:35-36).

여기에서 언급된 '법도'는 야웨의 최초의 창조가 아니라 창조 이후에 창조 세계의 관리를 강조하기 위한 것이다(렘 5:24, 33:20, 25 참조).

또 다른 신탁도 같은 맥락에서 이어진다. 여기에서는 야웨가 낮과 밤과 영원한 계약을 세웠다고 말씀하는데, 라쉬는 이 부분이 창세기 8:22를 가리키는 것이 틀림없다고 언급한다.

> 땅이 있을 동안에는
> 심음과 거둠과 추위와 더위와 여름과 겨울과 낮과 밤이
> 쉬지 아니하리라(창 8:22).

본문이 보여주듯이 이 계약도 깨어질 수 없는 계약이며, 그런 점에서 이 계약은 노아, 다윗, 그리고 레위 제사장들과 맺은 계약과 유사하다. 레위 계열 제사장들과 맺은 계약은 비느하스와 체결한 평화의 계약이다. 예레미야의 신탁은 다음과 같이 말한다.

> 여호와께서 이와 같이 말씀하시니라 너희가 능히 낮에 대한 나의 언약과 밤에 대한 나의 언약을 깨뜨려 주야로 그 때를 잃게 할 수 있을진대 내 종 다윗에게 세운 나의 언약도 깨뜨려 그에게 그의 자리에 앉아 다스릴 아들이 없게 할 수 있겠으며 내가 나를 섬기는 레위인 제사장에게 세운 언약도 파할 수 있으리라(렘 33:20-21).

다윗 계약의 영속성은 야웨가 시편 89:19-37에서 창조물과 맺은 (선재적인) 계약에 근거하여 논증된다.

확장된 '회복의 책'(렘 30-33장)에 기록된 마지막 신탁은 또다시 조건절-귀결절 형식의 논증을 사용하여 야웨가 창조 세계, 아브라함, 다윗과 맺은 영원한 계약을 강조한다.

> 여호와께서 이와 같이 말씀하시니라 내가 주야와 맺은 언약이 없다든지 천지의 법칙을 내가 정하지 아니하였다면 야곱과 내 종 다윗의 자손을 버리고 다시는 다윗의 자손 중에서 아브라함과 이삭과 야곱의 자손을 다스릴 자를 택하지 아니하리라 내가 그 포로된 자를 돌아오게 하고 그를 불쌍히 여기리라(렘 33:25-26).

야웨와 새 창조

창조와 새 창조에 대한 장엄한 예언을 듣기 위해서 우리는 제2이사야를 기다려야 한다. 그는 예레미야보다 더 해묵은 고대로 파고 들어가서, 세계의 창조에 대한 신화적인 사상들을 부활시켰다. 포로기 시절에 활동하면서 시적인 언어를 잘 구사했던 제2이사야는 이사야 51:1-10에서 아브라함과 사라, 그리고 바다를 건넌 이스라엘의 구원의 기억을 창조라는 주제와 결합시켰다.

'회복의 책'의 첫 번째 부분(렘 30-31장)은 핵심 구절인 31:22b로 마무리되는데, 수수께끼 같은 이 구절에 대해서, 비록 요나단 탈굼과 칠십인역, 그 외 히에로니무스와 킴히는 이것을 문자적, 현실적으로 해석했지만, 사실 이것이 새 창조에 대한 본격적인 진술은 아니다.[11] 유다의 군사들이 약해서 패배했음을 쉽게 믿지 못하는 예언자의 모습은 다소 아이러니하다. 본문은 창조 질서의 역전을 보여주는 사건이다. 예레미야는 말한다.

> 여호와가 새 일을 세상에 창조하였나니
> 곧 여자가 남자를 둘러싸리라(렘 31:22b).

이 말들은 창세기 1장에서 바로 가져온 것이다(창 1:1과 27절의 '창조'와 '여자').

유다가 바빌론에 함락되기 직전에 예레미야가 시위대 뜰에 갇혀 있으면서 했던 또 다른 수수께끼 같은 말에는 새 창조에 대한 기대가 담겨 있다. 여기서 야웨는 미래를 위해 예비된 감추어진 것들을 말씀하신다. 그리고 예레미야는 창세기 2-3장에서 바로 가져온 언어를 사용하면서 메신저 공식에 수식어를 넣음으로 야웨의 말씀을 전하고 있다.

> 일을 행하시는 여호와,
> 그것을 만들며 성취하시는 여호와,
> 그의 이름을 여호와라 하는 이가 이와 같이 이르시도다
> 너는 내게 부르짖으라 내가 네게 응답하겠고
> 네가 알지 못하는 크고 은밀한 일을 네게 보이리라(렘 33:2-3).

위대한 신약학자 요한네스 바이스는 초기 교회의 불분명한 시작에

11) Lundbom, *Jeremiah 21-36*, 452.

대해서 하나님의 위대하신 역사는 모두 다 비밀로 시작되었다고 말했다(시 139:13-16).[12] 여기에서 우리는 야웨가 놀라운 새 창조를 이루고자 계약 백성을 위해 은밀한 일들을 간직하고 계시다는 것을 예레미야로부터 배우게 된다.

12) J. Weiss, *Earliest Christianity*, I, trans. Frederick C. Grant et al.(New York: Harper & Bros., 1959), 14.

6장

예레미야와 계약

고대 이스라엘에서의 계약

계약은 유대인들과 기독교인들의 신앙에서 중심적인 개념이다. 어떤 학자들은 계약을 성서의 가장 중심적인 개념으로 보았는데, 그중 한 학자는 구약성서 전체를 조명하는 작업에 핵심 개념으로서 계약을 부각시킨 바 있다.[1] 기독교 정경은 '신약'(New Testament)이라고 불리는데, 이것은 '계약'을 뜻하는 헬라어 διαθήκη를 라틴어 *testamentum*으로 번역한 것이다. 우리가 '구약'이라는 말을 쓰게 된 것은 바울로부터 유래한다. 그는 고린도후서 3:14에서 회당에서의 '구약'(παλαιὰ διαθήκη) 읽기에 대해 언급했다. 이어서 사르디스의 멜리토, 이레네우스, 그리고 다른 교부들의 글에도 '구약'이라는 말이 나타난다.

구약성서에서 하나님은 하나의 계약이 아니라 수많은 계약을 맺으셨다. 계약의 대상은 개인, 선택받은 백성, 왕과 제사장의 계보에 속한 사람,

1) Walther Eichrodt, *Theology of the Old Testament*, I(London: SCM Press, 1961).

그리고 창조 세계 전체가 되기도 한다. 하나님이 아브라함과 맺은 계약은 아브라함의 자손이 하늘의 별과 바다의 모래처럼 많아진다는 것, 아브라함이 땅의 모든 민족의 복이 된다는 것, 아브라함과 사라의 후손들이 그들의 방랑을 마치고 그 땅을 소유하게 된다는 것이다. 그리고 이러한 계약은 이삭과 야곱에게도 반복된다(창 12, 15, 17장). 아브라함 계약은 성서에서 다음과 같이 선언되었다.

> 아브람이 구십구 세 때에 여호와께서 아브람에게 나타나서 그에게 이르시되 나는 전능한 하나님이라 너는 내 앞에서 행하여 완전하라 내가 내 언약을 나와 너 사이에 두어 너를 크게 번성하게 하리라 하시니 아브람이 엎드렸더니 하나님이 또 그에게 말씀하여 이르시되 보라 내 언약이 너와 함께 있으니 너는 여러 민족의 아버지가 될지라(창 17:1-4).

하나님은 다윗과 언약을 맺으시고, 그의 왕조가 영원히 지속될 것을 약속했다. 그리고 선지자 나단은 이 예언을 다윗에게 전달했다.

> 그러므로 이제 내 종 다윗에게 이와 같이 말하라 만군의 여호와께서 이와 같이 말씀하시기를 내가 너를 목장 곧 양을 따르는 데에서 데려다가 내 백성 이스라엘의 주권자로 삼고 네가 가는 모든 곳에서 내가 너와 함께 있어 네 모든 원수를 네 앞에서 멸하였은즉 땅에서 위대한 자들의 이름 같이 네 이름을 위대하게 만들어 주리라 … 전에 내가 사사에게 명령하여 내 백성 이스라엘을 다스리던 때와 같지 아니하게 하고 너를 모든 원수에게서 벗어나 편히 쉬게 하리라 여호와가 또 네게 이르노니 여호와가 너를 위하여 집을 짓고 … 네 집과 네 나라가 내 앞에서 영원히 보전되고 네 왕위가 영원히 견고하리라 하셨다 하라(삼하 7:8-9, 11, 16).

시편 89편은 다음과 같이 말한다.

주께서 이르시되 나는 내가 택한 자와 언약을 맺으며
내 종 다윗에게 맹세하기를
내가 네 자손을 영원히 견고히 하며
네 왕위를 대대에 세우리라 하셨나이다(시 89:3-4).

하나님은 열정적인 제사장 비느하스와 계약을 맺으셨다. 그는 바알브올 제의에서 음행을 저지른 이스라엘 남자와 미디안 여자를 처형함으로써, 2만 4,000명의 생명을 앗아간 전염병을 그치게 하였다. 야웨는 비느하스와의 계약을 통해서 아론 계 제사장직의 영속성을 보증하셨다. 이 계약의 내용은 아래와 같다.

제사장 아론의 손자 엘르아살의 아들 비느하스가 내 질투심으로 질투하여 이스라엘 자손 중에서 내 노를 돌이켜서 내 질투심으로 그들을 소멸하지 않게 하였도다. 그러므로 말하라 내가 그에게 내 평화의 언약을 주리니, 그와 그의 후손에게 영원한 제사장 직분의 언약이라 그가 그의 하나님을 위하여 질투하여 이스라엘 자손을 속죄하였음이니라(민 25:11-13).

그보다 이전, 아득한 고대에 홍수 사건 이후 하나님은 노아와 계약을 맺으면서, 세상이 존속하는 한 다시는 그와 같은 홍수가 있지 않을 것을 약속하셨다고 성서는 기록하고 있다. 이 계약은 이스라엘과 비이스라엘의 모든 인류와 맺은 언약이며, 심지어 방주에서 살아남은 짐승과 새처럼 살아 있는 모든 피조물과 맺어진 것이었다. 노아 계약은 다음과 같다.

하나님이 노아와 그와 함께 한 아들들에게 말씀하여 이르시되, 내가 내 언약을 너희와 너희 후손과 너희와 함께 한 모든 생물 곧 너희와 함께 한 새와 가축과 땅의 모든 생물에게 세우리니 방주에서 나온 모든 것 곧 땅의 모든 짐승에게니라 내가 너희와 언약을 세우리니 다시는 모든 생물을 홍수로 멸하지 아니할 것이라 땅을 멸할 홍수가 다시 있지 아니하리라(창 9:8-11).

이 모든 계약은 무조건적이고 영속적이며, 파기되지 않고 끝나지 않는 계약으로 언급된다. 이러한 계약들을 체결할 때마다 계약의 증표(무지개와 할례)와 함께 믿음의 행위(노아와 아브라함)와 헌신(비느하스와 다윗)이 선행되었다. 그러나 어떠한 경우에도 계약의 조건은 명시되지 않았다. 계약의 존속은 아브라함의 순종이나 다른 어떤 조건적인 행동에도 좌우되지 않았다. 노아와 다윗은 계약 체결 이후에 모두 잘못을 범했다. 노아는 술에 취했고, 다윗은 헷 사람 우리아의 아내를 범한 후에 그것을 은폐하기 위해 우리아를 죽음으로 내몰았다. 비느하스는 우리가 아는 한 계약 체결 이후 어떤 범죄도 행하지 않았지만, 그의 제사장 계보는 유감스러운 상태로 타락했다. 호세아와 예레미야는 당시 제사장들의 행태를 보여준다(호 4:4-10, 6:9, 10:5; 렘 2:8, 6:13, 14:18, 23:11). 군주—여기에서는 야웨 하나님—가 스스로에게 의무를 부여하면서도 종속민에게는 복종해야 할 법령을 제시하지 않는 이러한 유형의 계약은 우리가 아는 한 고대 세계에서 유일무이한 것이다.[2)]

그러나 구약에서 중심 무대를 차지하는 계약은 한 분이신 야웨가 이스라엘 백성과 맺은 계약이었다. 이 계약은 시내산에서 공식화된 것으로서 야웨는 그곳에서 이스라엘에게 법령을 주셨는데 그것의 핵심이 십계명이었다(출 20:1-17; 신 5:2-21). 계약 자체는 관계적인 것이었으며('나는 너희의 하나님이 되고 너희는 나의 백성이 되리라'), '율법'보다 더 광의적인 개념이었다. 율법이란 계약의 본질을 규정하면서 계약 안에 포함되는 것이었다. 위에서 언급한 계약들과 달리 이 계약은 조건적인 것으로

---

2) Freedman, "Divine Commitment and Human Obligation."

서, 반드시 지켜야 할 법규들을 포함한다. 만약 이 법규들이 지켜지지 않는다면—실제로 이 법규들은 계속해서 위반되었다.—계약 파기가 선언되고, 계약은 갱신되어야 했다. 결국 이 계약은 너무 자주 파기되었기 때문에, 이를 대체할 다른 계약이 필요했다.

이스라엘과 계약은 이집트의 노예였던 자기 백성에게 베푸신 하나님의 은혜로운 선택과 구원을 기초로 이루어졌다. 구약의 중심 사건인 이른바 '출애굽'은 40년의 광야 생활과 선조에게 약속된 땅의 정착으로 연속된다. 성서에서 '구원'이라는 용어, 혹은 히브리 원어에 대한 또 다른 적절한 번역인 '해방'은 '자유를 얻는다'는 뜻보다는 '주인이 바뀐다'는 뜻으로 쓰인다.[3] 후에 바울은 '(그리스도 안에서의) 자유'를 언급한다(고후 3:17; 갈 5:1, 13). 그러나 구약이나 신약이나 '자유'가 구원의 결정적인 요소는 아니다. 구약과 신약에서 구원은 '주인의 교체'를 뜻한다. 구약에서 옛 주인은 바로였으나, 이스라엘의 구속 이후 주 하나님이 새 주인이 되셨다. 신약에서 옛 주인은 사탄과 죄의 권세이었으나, 십자가의 죽음을 통해 인류를 죄악으로부터 건져주신 예수가 새 주인이 되셨다.

이러한 신학적 개념은 근동의 법률을 모델로 한 것이다. 고대 세계에서는 사람이 노예로 팔리는 일이 흔했는데, 이때 그의 친족이 나서서 당사자가 지불하지 못하는 속전을 대신 치를 수가 있었다. 이러한 경우, 그는 자신을 사면해준 사람을 섬기게 되는데, 친족은 그를 더 관대하게 대하기 때문에 섬기기가 훨씬 쉬웠다. 이것은 마치 부모나 인심 좋은 삼촌에게 저이자 혹은 무이자로 돈을 빌리는 것과 같다. 이러한 이유로 하나님은 모세에게 바로에게 가서 "이스라엘은 내 아들 내 장자라 내가 네게 이르기를 내 아들을 보내 주어 나를 섬기게 하라"(출 4:22-23)라고 말하라고 명령하셨다. 하나님은 이스라엘을 노예 생활에서 구속하심으로 새

---

3) David Daube, *The Exodus Pattern in the Bible*(London: Faber & Faber, 1963).

로운 주인이 되셨고, 따라서 이스라엘은 하나님을 섬길 의무를 지게 되었다. 섬김의 조건들은 하나님이 이스라엘에게 십계명을 제정해 주신 시내산에서 주어졌다. 이러한 계명들이 주어지기 전에 다음과 같은 말들이 먼저 선포되었다.

> 나는 너를 애굽 땅, 종 되었던 집에서 인도하여 낸 네 하나님 여호와니라
> 너는 나 외에는 다른 신들을 네게 두지 말라(출 20:2-3; 신 5:6-7).

야웨 하나님은 이스라엘을 해방시킨 분이기 때문에 이와 같은 법을 이스라엘에게 요구할 수 있었다. 비록 후대에 이르러 율법이 유대인들, 예수, 바울, 기독교 교회의 구성원들, 그리고 교회에 합류하려는 이방인들에게 부담으로 작용하기는 했지만 본래 하나님의 율법의 의도는 부담을 주려는 것이 아니었다. 이스라엘 백성들이 율법을 부담으로 이해하지 않았다는 증거들이 있다. 성서에서 가장 긴 시편인 119편은 이스라엘이 얼마나 율법을 사랑했는지를 보여준다. 시편 119편은 다음과 같이 시작한다.

> 행위가 온전하여 여호와의 율법을 따라 행하는 자들은 복이 있음이여
> 여호와의 증거들을 지키고 전심으로 여호와를 구하는 자는 복이 있도다
> 참으로 그들은 불의를 행하지 아니하고 주의 도를 행하는도다
> 주께서 명령하사 주의 법도를 잘 지키게 하셨나이다
> 내 길을 굳게 정하사 주의 율례를 지키게 하소서
> 찬송을 받으실 주 여호와여 주의 율례들을 내게 가르치소서
> 주의 입의 모든 규례들을 나의 입술로 선포하였으며
> 내가 모든 재물을 즐거워함 같이 주의 증거들의 도를 즐거워하였나이다
> 내가 주의 법도들을 작은 소리로 읊조리며 주의 길들에 주의하며
> 주의 율례들을 즐거워하며 주의 말씀을 잊지 아니하리이다
> (시 119:1-5, 12-16).

신명기에서 모세는 요단강을 건너기 직전에 백성들에게 야웨의 계명을 지키는 것은 어려운 일이 아니라고 말한다.

> 내가 오늘 네게 명령한 이 명령은 네게 어려운 것도 아니요 먼 것도 아니라 하늘에 있는 것이 아니니 네가 이르기를 누가 우리를 위하여 하늘에 올라가 그의 명령을 우리에게로 가지고 와서 우리에게 들려 행하게 하랴 할 것이 아니요 이것이 바다 밖에 있는 것이 아니니 네가 이르기를 누가 우리를 위하여 바다를 건너가서 그의 명령을 우리에게로 가지고 와서 우리에게 들려 행하게 하랴 할 것도 아니라 오직 그 말씀이 네게 매우 가까워서 네 입에 있으며 네 마음에 있은즉 네가 이를 행할 수 있느니라(신 30:11-14).

그러나 바로 이 신명기야말로 성서의 다른 어떤 율법 체계보다도 시내산 계약의 조건적 성격을 명확하게 드러내 주는 책이다. 신명기는 특히 복과 저주의 나열을 통해 계약의 조건적 성격을 강화하고 있다(신 11:26-32, 28). 만약 이스라엘이 계약에 순종하면 복을 받고 야웨가 주실 땅에서 오래 살게 될 것이다. 그러나 불순종하면 계약에 기록된 저주들이 임할 것이요, 그중 가장 치명적인 것은 이스라엘이 땅을 잃게 될 것이다. 신명기 28장의 핵심적인 복과 저주들은 다음과 같다.

> 네가 네 하나님 여호와의 말씀을 삼가 듣고 내가 오늘 네게 명령하는 그의 모든 명령을 지켜 행하면 네 하나님 여호와께서 너를 세계 모든 민족 위에 뛰어나게 하실 것이라 네가 네 하나님 여호와의 말씀을 청종하면 이 모든 복이 네게 임하며 네게 이르리니
> 성읍에서도 복을 받고 들에서도 복을 받을 것이며
> 네 몸의 자녀와 네 토지의 소산과 네 짐승의 새끼와
> 소와 양의 새끼가 복을 받을 것이며

네 광주리와 떡 반죽 그릇이 복을 받을 것이며
네가 들어와도 복을 받고 나가도 복을 받을 것이니라(신 28:1-6).

네가 만일 네 하나님 여호와의 말씀을 순종하지 아니하여 내가 오늘 네게 명령하는 그의 모든 명령과 규례를 지켜 행하지 아니하면 이 모든 저주가 네게 임하며 네게 이를 것이니
네가 성읍에서도 저주를 받으며 들에서도 저주를 받을 것이요
또 네 광주리와 떡 반죽 그릇이 저주를 받을 것이요
네 몸의 소생과 네 토지의 소산과 네 소와 양의 새끼가 저주를 받을 것이며
네가 들어와도 저주를 받고 나가도 저주를 받으리라(신 28:15-19).

이후의 내용들에서 복과 저주들은 더 확장되고 상세하게 설명되는데, 저주가 복보다 거의 네 배 정도 더 많아졌다.[4] 신명기 28:20-68은 유쾌하게 읽을 만한 내용은 아니다. 신명기에서 특히 두드러진 이러한 계약 형식은 고대 근동에서 국력이 강한 왕들이 속국의 왕들에게 주기 위해 만든 국제조약의 형식을 사용하고 있다. 이러한 조약들, 즉 계약들은 기본적으로 관계의 조건들(율법)이 제시되고, 그 다음으로 복과 저주가 나온다. 약소국의 왕이 강대국의 왕에게 순종하면 그와 그의 백성에게 복이 임할 것이다. 만약 불순종한다면, 방대한 양의 끔찍스러운 저주가 임할 것이다. 히타이트 조약들[5]에는 복과 저주가 비슷한 비율로 있지만 시리아 조약들과 아시리아 조약들에는 신명기 28장의 경우처럼 복보다 저주가 훨씬 더 많이 포함되어 있다. 에살핫돈(기원전 680-669)의 봉신계약은 복 없이 방대한 저주만을 담고 있다.[6]

---

4) Gerhard von Rad, *Deuteronomy*, OTL(London: SCM Press, 1966), 173.
5) *ANET*^{3}, 201, 205.
6) *Ibid.*, 538-541.

예언자들의 선포에 나타난 계약

구약이라는 이야기는 계약 파기에 관한 이야기라고 해도 과언이 아니다. 그 씨앗은 일찍이 뿌려졌다. 모세가 율법판을 들고 시내산에서 내려왔던 광야 시절에 이미 이스라엘 백성들은 모세가 없는 틈에 그의 형 아론의 도움으로 황금 송아지를 만들었다. 모세는 격노하여 십계명이 새겨져 있는 돌판을 깨뜨렸으며, 그래서 십계명은 새로운 돌판에 다시 새겨져야만 했다. 그리고 계약 자체도 갱신되었다(출 24, 32-34장). 그 이후에도 계약을 갱신할 필요가 계속 대두되었다. 즉, 모세의 죽음과 이스라엘의 약속의 땅 진입을 앞두고(신 29:1), 여호수아의 죽음을 앞두고 세겜에서(수 24:25), 그리고 여호야다(왕하 11:17), 히스기야(대하 29:10), 요시야(왕하 23:3) 시대에 예루살렘에서 계약은 갱신되어야 했다. 그러나 결국 계약이 너무 많이 파기되어서 더는 갱신이 불가능해진 시기가 오고 말았다. 그러자 한때 융성했던 이스라엘 백성의 남은 자들에게 신명기의 저주들이 맹렬하게 쏟아졌으며, 기원전 586년에 이르러 나라는 패망으로 치닫게 되었다.

아이히로트는 예레미야와 에스겔 이전의 예언자들은 계약에 대해 거의 언급하지 않았으며, 이러한 경향이 바뀐 것은 요시야의 개혁 이후였다고 본다.[7] 신명기 역사에서 우리는 백성들이 계약을 저버렸다고 고발하는 엘리야의 모습을 보는데, 이때의 계약은 물론 시내산 계약이다(왕상 19:10, 14). 아모스와 이사야는 '계약'이라는 단어를 알고 여러 의미로 사용했지만(암 1:9; 사 24:5, 28:15, 18, 33:8), 그들이나 예레미야 이전의 다른 예언자들은 명시적으로 시내산 '계약'을 언급하지는 않았다. 그러나 이스라엘과 유다를 향한 그들의 선포는 계약에 대한 불순종과 깊이 관련

7) Eichrodt, *Theology of the Old Testament*, I, 51-53.

되어 있다. 그렇다면 이러한 사실을 어떻게 설명할 수 있을까?

예언서에 '계약'이라는 단어가 나타나지 않는 것은 신명기가 계약에 대한 순종을 강조하기 때문일 수도 있다. 신명기에는 '계약', '율법', '명령', '규례', '증언' 등의 용어가 많이 사용되고 있다. 이러한 단어들은 계약 불순종에 대한 예언자들의 선포에서는 드물게 나온다. 예언서에 '계약'에 관련된 용어가 사용되지 않는 또 다른 이유는 2장에서 논의한 바 있는 생략삼단논법 때문일 수도 있다. 예언자들은 어떤 주장을 펼칠 때에 대전제를 생략한 채, 예컨대 '계약에 불순종하는 이스라엘(유다)은 징벌을 받을 것이다'라는 방식으로 말했다. 그들의 주장은 다음과 같이 소전제(고발)와 결론(심판)으로만 구성되어 있다.[8)]

이스라엘(유다)은 계약에 불순종했다.
이스라엘(유다)은 징벌을 받을 것이다.

비록 예언자들이 선포를 하면서 '계약'이라는 단어를 사용하지는 않았지만 그들은 어떤 것이 계약에 대한 불순종인지를 보여주는 구체적인 사례들을 나열하고 있었다.

계약에 대한 호세아의 메시지

예레미야에게 영향을 미친 것으로 광범위하게 인정받고 있는 호세아는 시내산 '계약'을 명시적으로 언급하고 있다. 호세아 2:18,[9)] 6:7, 8:1, 10:4, 12:1[10)] 등 다섯 군데에서 호세아는 '계약'이라는 용어를 사용하고

8) Lundbom, "Hebrew Rhetoric," in *EncRhet*, 326.
9) 히브리어 성서로 호세아 2장은 영어 성서보다 2절이 많다.
10) 히브리어로는 12:2에 나타난다.

있다. 호세아 6:7에서 호세아는 아담이 계약을 위반했다고 말하면서[11] 이를 당대의 계약 위반과 암시적으로 비교하고 있다. 호세아 8:1에서 예언자는 이스라엘이 (시내산) 계약을 위반했다고 분명하게 말하고 있다. 또한 호세아 1:9는 계약의 공식을 거부하는데, 이것은 야웨 하나님 편에서 계약이 파기된 것임을 보여준다. 호세아에게 시내산 계약은 야웨와 이스라엘 사이의 혼인과 같은 결합이다. 그러고 나서 호세아 1:10[12]은 계약 공식을 재확인하는데, 이것은 아직 이혼이 성립된 것은 아니며(사 50:1 참조), 미래의 계약이 손상되지 않았음을 표시한 것이다.

호세아 2:18은 미래의 계약에 대해 말하는데, 여기서 야웨는 다음과 같이 말씀한다.

> 그 날에는 내가 그들을 위하여 들짐승과 공중의 새와 땅의 곤충과 더불어 언약을 맺으며 또 이 땅에서 활과 칼을 꺾어 전쟁을 없이하고 그들로 평안히 눕게 하리라.

야웨가 이스라엘과 그 자녀들을 위해서 이스라엘과 동물들 사이에서 계약을 중개하거나[13] 혹은 야웨 자신이 직접 동물들(또한 다른 나라들)과 계약을 맺는다는 점에서 이 계약은 구약의 다른 계약들과 차별화된다.[14] 여기서 세 갈래의 약속이 주어진다.

(1) 계약은 동물, 새 그리고 기어다니는 것들과 체결되거나 중개될 것

---

11) 일부 학자는 이 본문을 수정하고 있지만 마소라 본문은 유효하다.

12) 히브리어로는 2:1.

13) William R. Harper, *Amos and Hosea*, ICC(Edinburgh: T. & T. Clark, 1905), 242; H. W. Wolff, *Hosea*, trans. Gary Stansell, Hermeneia(Philadelphia: Fortress Press, 1974), 50-52.

14) Francis I. Andersen and David Noel Freedman, *Hosea*, AB, 24(Garden City, NY: Doubleday, 1980), 265, 279-282.

이다.

(2) 활, 칼, 전쟁 무기가 땅에서 없어질 것이다.

(3) 야웨가 이스라엘을 평안히 눕게 할 것이다.

전쟁의 세 가지 무기는 동물계의 세 가지 대표와 대비되면서 균형을 이룬다. 처음 두 항목에서 화해가 달성됨으로써 창조 세계의 조화가 회복되며 이스라엘은 평안히 쉬게 될 것이다. 첫 번째 화해는 짐승들이 사람을 집어삼키고 뱀과 여인의 후손 사이에 적대감(창 3:14)이 지속되는 호세아 2:12의 심판을 역전시킨다.

좀 더 폭넓은 질문을 하자면, 18절이 어떻게 야웨와 이스라엘 간의 결혼의 회복(16절, 19-20절)을 포함하는 16–20절 혹은 14–23절의 더 큰 맥락과 조화될 수 있는가 하는 것이다. 어떤 학자들에 의하면, 더 큰 맥락은 예레미야의 새 계약(렘 31:31–34)을 예고하는 '새로운 계약'으로 읽힐 수 있다.[15] 다른 학자들은 18절이 더는 결혼의 은유를 다루고 있지 않다고 해석한다.[16] 여기서 계약은 야웨와 이스라엘 사이에 성립된 것이 아니며, 따라서 이것은 시내산 계약의 갱신으로 볼 수 없다. 이 계약은 이스라엘, 더 정확히 말해서 이스라엘의 자손들을 위한 야웨와 동물들 사이의 계약이다. 야웨는 창조 세계 전체를 향해 자신의 능력을 주장하고 있다.

이 계약은 여하튼 시내산 계약의 갱신이라고 볼 수 없다. 하나님과 백성, 그리고 동물들을 포함한다는 점에서 이것과 가장 유사한 계약은 창세기 9:8–11(노아 계약)에서 발견되지만, 그렇다고 이 구절의 배후에 노아 계약이 놓여 있는 것 같지는 않다. 창세기 9:8–11은 이 본문과는 다른 언어를 구사하고 있다.

---

15) Wolff, *Hosea*, 50–53, 55.

16) Anderson and Freedman, *Hosea*, 280.

예레미야와 계약

예레미야의 소명과 초기 선포에서 주도적인 영향을 나타낸 것은 북이스라엘의 전통, 특히 모세와 연관된 전통들이다. 예레미야 2:2-9는 출애굽, 광야에서의 방황, 그리고 정착 사건을 반영하고 있는데, 이는 모세의 노래(신명기 32장)에서 영향을 받은 것이 분명하다. 오래된 시를 통해서, 예레미야는 이스라엘을 향한 야웨의 은혜가 전 세계 역사를 관통하는 골격이 된다는 개념을 수용했다. 그러나 이 같은 골격에는 땅 정착의 결과로 발생한 이스라엘의 배은망덕과 다른 신들에 대한 추종, 이스라엘의 심각한 죄악들에 대한 야웨의 징벌이 포함되어 있다. 이스라엘이 완벽하게 파멸되기 직전에 야웨는 적들의 손을 저지한다. 야웨는 남은 자들을 통해 새로운 구원의 역사를 시작하실 것이며, 이스라엘은 구속되고 적들은 징벌을 받을 것이다. 예레미야는 모세의 노래를 따라 광야 방랑기를 목가적인 시기로 그려낸다. 그때에 이스라엘은 야웨에게 '헌신된 신부' 혹은 '첫 열매'로서 순결했다(렘 2:2-3; 참조. 신 32:10-12). 여기에서 우리는 계약이 지속적인 사랑과 신실함을 요구한다는 것을 알 수 있다. 또한 예레미야는 이스라엘이 약속의 땅에 정착한 때를 모든 것이 부패한 시점으로 보았다(렘 2:7; 참조. 신 32:13-18).

신명기의 첫 번째 편집본인 1-28장은 이전 시대에 북이스라엘에서 나온 설교와 가르침들을 엮은 것인데, 이것을 통해 예레미야는 시내산 계약은 조건적인 것이며 이 계약에 대한 순종이 약속의 땅에서의 계속적인 거주를 결정짓는 요소임을 이해하게 되었다. 시내산 계약은 파기가 가능한 계약이었고 실제로 반복적으로 파기되었지만, 재계약 또한 가능한 계약이었다(수 24장; 왕하 23장). 예레미야는 이 두 가지 메시지, 즉 계약이 깨어졌다는 메시지와 야웨가 깨어진 계약을 다시 체결하기로 결정했다는 메시지를 다른 어떤 예언자보다도 더 분명하게 선포했다(렘 2:20, 5:5,

7:5-10, 31:31-34, 32:37-41).

기원전 622년에 성전에서 율법책이 발견된 것은 예레미야가 사역을 시작할 당시에 일어난 중요한 사건이다. 율법책의 발견은 화제를 불러일으켰고, 계약 갱신 예식이 뒤따랐다(왕하 22-23장; 대하 34-35장). 계약 갱신 예식은 젊은 왕 요시야가 주재했다. 예레미야 역시 율법책의 발견과 그 발견이 개인적으로 자신에게 미친 영향에 대해서 한 차례 언급하고 있다(렘 15:16). 예레미야서의 다른 구절들은 예레미야가 처음에는 개혁을 지원하고 개혁을 위한 설교를 했음을 보여준다. "이 언약의 말을 따르지 않는 자는 저주를 받을 것이니라"라는 선포가 담겨 있는 예레미야 11:3-5를 그러한 사례로 볼 수 있다. 이러한 선포는 이후에 두 번 더 나타나는데, 계약을 이행하지 않은 유다를 고발하는 내용의 6-8절과 계약 파기에 따른 심판을 말하는 11-13절이 그것들이다. 여기에서 언급되는 계약은 요시야가 중개한, 많은 사람의 생각대로 신명기에 구현된 계약(신 5:3 참조)일 수도 있고, 혹은 시내산 계약일 수도 있다(3-4절). 요시야가 새롭게 한 계약이 시내산 계약이기 때문에 이 본문에서 양자를 날카롭게 구분할 필요는 거의 없다.

예레미야 7:1-15 역시 중요하게 여겨지는 예레미야의 '성전 신탁들'에 속하는데, 예레미야 26:1-19는 배경 지식과 함께 요약을 제공한다. 7:3-7의 첫 번째 신탁은 신명기적 메시지를 반영하고 있으며, 요시야의 개혁을 위한 신탁일 수 있다. 7:8-11의 두 번째 신탁은 계약을 위반한 유다를 기소하고 있으며, 7:12-15의 세 번째 신탁은 가차 없는 심판을 말하고 있다.

여호야김의 치세가 시작될 즈음, 북이스라엘의 신학과 남유다의 신학은 첨예하게 대립했다. 예레미야가 성전 설교를 하면서 땅의 사용 기한과 예루살렘 성전의 존속은 계약에 대한 순종 여부에 따라 좌우되며, 유다는 땅과 성전 모두를 잃게 될 것이라고 말함으로써, 이 대립은 극적인 형태로 드러났다. 그러나 적지 않은 예언자와 제사장들이 포함되어 있던 예루살렘의 청중은 확장된 시온 신학을 견지하고 있었다. 이 신학은 다윗에게 약속된 영원하고 무조건적인 계약을 예루살렘과 성전에까지 확장했다(시 132:11-18). 따라서 예루살렘이나 성전이 파괴된다는 것은 있을 수 없는 일이었다. 이러한 시기에 북쪽의 신학을 설교하는 것은 예레미야로서는 목숨을 걸고 한 일이었지만, 종국적으로는 북쪽의 신학이 주도권을 잡게 되었다.

기원전 609년에 성전에서 일어난 충돌은 신학이 시간과 상황에 따라 좌우된다는 것을 보여준다. 한 세기 이전 이사야는 시온 불가침을 설교했다(사 31:4-5, 37:33-35). 이제 예레미야는 그것이 잘못된 신학이며, 백성들이 이 신학에 희망을 거는 것은 헛된 일임을 말한다. 그렇기 때문에 폰 라트는 예언자들의 메시지는 무시간적인 진리가 아니라 '역사의 특정한 시간에 해당하는 특정한 말'[17]이라고 말한다.

예레미야의 시적인 선포들에는 고발과 회개 촉구, 심판이 뒤섞여 있다(예를 들어 렘 4:13-17, 6:16-19를 보라). 시내산 계약이 조건적임을 알고 있기 때문에 할 수 있는 걱정이겠지만, 예레미야는 야웨께서 계약을 폐할 것을 염려한 적도 있었다(렘 14:21). 그러나 이 한 번의 경우 외에는 계약의 조건들을 위반하여 계약을 파기하는 쪽은 유다라고 예레미야는 확신했다(렘 2:20, 5:5, 11:10, 22:9, 31:32, 32:23). 여호야김은 거대한 사회적 불의를 행함으로 계약을 파기했다(렘 22:13-17). 예레미야 3장에서 예레미야는 유다 백성에게 야웨께로 돌아올 것을 촉구한다. 이때의 '돌아옴'이란 '회개'라는 뜻이다.

예레미야는 다른 계약들에 대해서도 말했다. 예를 들면, 시드기야는 히브리 노예들을 풀어주겠다고 예루살렘 백성들과 계약을 맺었지만, 예루살렘 함락의 위기를 모면한 뒤에 왕과 노예의 주인들은 계약을 지키지 않았다(렘 34:8-22). 파괴된 계약은 레갑 자손들이 레갑의 아들 요나단과

---

17) Von Rad, *Old Testament Theology*, II, 129.

맺은 계약에 충실했던 것과 병렬되면서 교훈적인 대비를 이룬다(렘 35장). 레갑 자손들에게 주었던 약속은 또 다른 '하나님의 약속의 계약'[18]으로서, 예레미야가 선포할 새로운 계약의 전조이면서 아브라함, 다윗, 레위인 제사장들과 맺은 무조건적이고 영원한 계약들의 연장이다.

예레미야는 예루살렘에서 오랫동안 사역하면서 남쪽의 신학, 특히 아브라함과 다윗과 연결된 전통들을 수용했던 것으로 보인다. 아브라함과 연관된 하나의 사건, 즉 소돔과 고모라의 멸망 사건은 다른 예언자들에게도 그랬듯이 예레미야에게도 대단히 중요한 의미로 다가왔다(창 18-19장). 예레미야가 자신의 고향인 유다에서 영원한 계약을 확증해야 했으나 그렇게 하지 않았다는 것은 그리 놀라운 일이 아니다. 초기 설교에서 예레미야는 아브라함 계약에서부터 축적된 복들이 이스라엘의 회개 여부에 달려 있다고 말했다(렘 4:1-2). 이러한 메시지를 통해서 예레미야는 조건적인 시내산 계약을 아브라함 계약에도 적용될 수 있도록 확장했다. 그러나 책의 후반부에서는 모든 중요한 영속적인 계약들(노아 계약, 아브라함 계약, 다윗 계약, 그리고 비느하스를 통해서 레위 계열의 제사장들과 맺은 계약)에 대한 신탁들이 나온다(렘 23:5-6[=33:14-16], 31:35-36, 33:17-26). 예레미야는 이 모든 계약이 그대로 유효할 것이라고 말한다. 예레미야는 미래에 야웨께서 이스라엘을 통해 열방에게 복을 주신다는 약속을 지키실 것이며, 왕국이 패망했음에도 불구하고 이스라엘은 다윗 왕가 계열과 레위 제사장 계열이 멸절당하지 않았기 때문에 희망을 걸 수 있다고 말한다. 이스라엘은 노아와 체결한 계약이 지속됨을 확신하기 때문에, 대홍수와 같은 또 다른 파멸은 일어나지 않으며 미래에도 창조 질서는 보존될 것이다.

---

18) Lundbom, *Jeremiah 21-36*, 579.

예레미야의 새 계약

예레미야는 '새 계약'을 선포한 예언자로 가장 잘 알려져 있다. 예루살렘이 느부갓네살에 의해 함락되고 많은 백성이 바빌론에 포로로 끌려가기 직전, 자신을 신명기 18:18의 '모세와 같은 예언자'로 생각했던 예레미야는 자신이 갇혀 있던 시위대 뜰에서 '새 계약'을 선포했다. 구약에서 예레미야 31:31-34에만 기록되어 있는 이 계약의 내용은 다음과 같다.

> 여호와의 말씀이니라 보라 날이 이르리니 내가 이스라엘 집과 유다 집에 새 언약을 맺으리라 이 언약은 내가 그들의 조상들의 손을 잡고 애굽 땅에서 인도하여 내던 날에 맺은 것과 같지 아니할 것은 내가 그들의 남편이 되었어도 그들이 내 언약을 깨뜨렸음이라 여호와의 말씀이니라.
> 그러나 그 날 후에 내가 이스라엘 집과 맺을 언약은 이러하니 곧 내가 나의 법을 그들의 속에 두며 그들의 마음에 기록하여 나는 그들의 하나님이 되고 그들은 내 백성이 될 것이라 여호와의 말씀이니라 그들이 다시는 각기 이웃과 형제를 가리켜 이르기를 너는 여호와를 알라 하지 아니하리니 이는 작은 자로부터 큰 자까지 다 나를 알기 때문이라 내가 그들의 악행을 사하고 다시는 그 죄를 기억하지 아니하리라 여호와의 말씀이니라(렘 31:31-34).

이 예언은 첫 번째 '회복의 책'(30-31장)의 결론을 이루는 미래에 대한 네 가지 말 중 하나이다. 이 말들은 모두 '보라 날이 이르리니'(렘 31:27, 31, 38; 참조. 렘 30:3)라는 말로 시작하며, 약속된 미래에는 과거와 연속되는 부분과 불연속되는 부분이 있을 것이라고 말하고 있다(렘 31:23, 39의 '다시'; 31:29, 34a, 34b, 40의 '다시는').[19] 새 계약에 대한 예언은 불연속성을 강조하고 있다. 새 계약에서도 '토라'(율법)는 계속 존재할 것이고 토라의 요구에 순응해야 한다는 의무도 계속될 것이지만, 야웨가 자신의 토라를 사람들의 마음에 기록하신다고 약속하기 때문에 토라 준수의 조건들은 획기적으로 개선될 것이다.

예레미야는 이 새로운 율법이 어떻게 구성될 것인지를 상세하게 말하지 않는다. 그러나 새 계약이 십계명을 포함한 시내산 계약의 핵심에 해당하는 내용을 담을 것이라는 추정은 충분히 가능하다. 그 법은 의심할 여지 없이 더 많은 것을 포함할 것이다. 그러나 시간이 지나면서 유대인과 기독교인들의 율법에 대한 가치 부여는 다르게 나타났고, 심지어 각 전통의 내부에서도 가치 평가는 다르게 전개되었다. 신약시대에 바리새적인 유대교는 순종해야 할 율법 613개조를 선별했지만, 기독교인들은 이 숫자를 극단적으로 축소했다. 그러나 간혹 오해되는 것처럼 기독교인들도 새 계약의 중심에 있는 시내산 율법의 핵심 사항들을 거부하지는 않았다. 예수는 십계명을 일관되게 존중했으며(마 19:17-19, 22:36-40), 산상수훈에서는 자신이 율법을 폐하러 온 것이 아니라 완성하러 왔다고 말씀했다(마 5:17-18). 바울도 율법을 반박하는 주장을 많이 펼쳤지만 율법을 거룩한 것으로 보았으며, 자신의 메시지가 율법을 굳게 세우고 있다고 주장했다(롬 3:31, 7:12). 사도행전 15장에 보도된 예루살렘 회의에서 타협안이 채택되었다. 이방인들은 할례를 받을 필요가 없지만, 우상에게 바쳐진 음식과 피, 목 졸라 죽인 동물의 고기와 성적 부도덕은 금하는 것으로 의견이 모아졌다. 이러한 타협안에도 불구하고 모든 기독교 공동체는 시내산 율법의 핵심을 계속해서 존중했다.

학자들은 새 계약을 논의할 때마다 두 가지의 질문을 제기했다. (1) 이 계약은 정말로 '새로운' 것인가? (2) 새 계약으로 대치되는 시내산 계약은 계속해서 유효한가?[20] 일부 학자는 새 계약은 단순히 시내산 계약의

19) Lundbom, *Jeremiah 21-36*, 453-454.
20) *Ibid.*, 466.

갱신에 불과한 것이라고 생각한다. 다른 학자들은 예레미야가 시내산 계약의 종말을 선포하면서 진정으로 새로운 계약을 제시하고 있다고 본다. 분명하게 말할 수 있는 것은, 예레미야가 자신 이전의 그 누구보다도 새 계약과 시내산 계약 사이의 간격을 더 크게 보고 있다는 사실이다. 예레미야는 시내산 계약은 파기되었다고 선포했으며, 미래의 새 계약은 과거의 계약과 같지 않을 것이라고 말했다(렘 31:32).

시내산 계약의 갱신은 유다 왕들의 주재하에 모압 평야와 세겜, 혹은 예루살렘에서 이루어진 바 있다. 그러나 예레미야가 말하는 새 계약은 단지 이런 식으로 시내산 계약을 갱신하는 것은 아니다. 미래의 계약도 시내산 계약과의 연속성을 가지겠지만, 그럼에도 불구하고 새 계약은 하나님과 사람이 새로운 관계를 시작하게 되는, 진정으로 새로운 계약이 될 것이다. 그 이유는 새 계약이 (1) 조건 없이 주어진 계약이며, (2) 시내산 계약과는 달리 사람들의 마음에 새겨질 것이고(렘 31:33), (3) 완전히 새로운 하나님의 은혜의 행위, 즉 죄 용서의 은혜에 근거를 두기 때문이다(렘 31:34; 참조. 겔 36:25-28).

죄의 용서는 새 계약의 가장 중요한 근거이다. 구약에서 야웨는 분명히 죄를 용서하는 분으로 알려져 있지만, 동시에 죄 있는 사람에게 벌을 주기 싫어하는 분도 아니다. 출애굽기 34장의 자기계시에서 야웨는 자신을 다음과 같이 묘사하고 있다.

> 여호와께서 그의 앞으로 지나시며 선포하시되 여호와라 여호와라 자비롭고 은혜롭고 노하기를 더디하고 인자와 진실이 많은 하나님이라 인자를 천대까지 베풀며 악과 과실과 죄를 용서하리라 그러나 벌을 면제하지는 아니하고 아버지의 악행을 자손 삼사 대까지 보응하리라(출 34:6-7).

야웨는 죄를 용서하시지만 죄의 용서를 시내산 계약의 근간으로 삼지는 않으셨다. 사실 출애굽기와 신명기에 기록된 이 계약의 더 이전 형태(출 32:32-34; 신 31:16-29)에는 죄 용서가 중요하게 나오지 않는다. 앞서 언급한 대로, 시내산 계약을 떠받치고 있는 하나님의 은혜의 행위는 이집트로부터 구원이었다(출 20:2; 신 5:6). 이러한 초기 신학을 가장 잘 요약해 주고 있는 것이 여호수아가 세겜 사람들에게 한 말이다. 여호수아는 세겜 사람들에게 계약에 불순종하면 야웨는 죄를 용서하지 않으시고 심판을 내리실 것이라고 말했다(수 24:19-20).

새 계약에서 두 번째로 중요한 특징은 그것이 사람들의 마음에 기록된다는 것이다. 시내산 계약은 돌판 위에 쓰였다(출 24:12, 31:18). 신명기에서도 율법은 사람들의 마음에 새겨지도록 되어 있었고(신 6:6, 11:18), 앞에서 인용한 신명기 30장은 율법이 사람의 입과 마음에 있다고 했다. "오직 그 말씀이 네게 매우 가까워서 네 입에 있으며 네 마음에 있은즉 네가 이를 행할 수 있느니라"(신 30:14). "내가 주께 범죄하지 아니하려 하여 주의 말씀을 내 마음에 두었나이다"(시 119:11)라는 구절 역시 이스라엘의 어린이들이 많이 암송하는 시편 구절이다. 그러나 사람의 마음이란 것은 속이기를 잘하고 악이 가득하다는 것을 신명기와 예레미야는 알고 있었다(신 10:16, 11:16; 렘 4:4). 예레미야는 인간의 상황을 더 부정적으로 평가하고 있다. 그는 마음은 악하고, 완고하고, 반역적이며(렘 5:23), 죄가 마음 판에 새겨져 있고(렘 17:1), 마음은 만물보다 거짓되고 부패한 것(렘 17:9)이라고 말한다. 그럼에도 신명기와 예레미야가 마음에 대해서 하는 말들은 새 계약의 약속들을 표현하는 배경이 되며, 약속의 내용을 결정한다. 이전에는 율법이 사람의 마음에 파고들지 못했지만 새 계약이 주어지면 마음에 파고들게 될 것이다. 야웨께서 그렇게 만드실 것이다.

고대 히브리인들은 '의지'라는 것이 마음에 자리 잡고 있다고 생각했다. 그렇기 때문에 만약 율법이 사람의 마음에 쓰이면, 사람들은 율법에 순종할 의지를 가지게 될 것이라고 생각했다. 더 나아가, 그렇게 되면 이제 모든 사람이 야웨를 알게 될 것이므로 서로에게 '야웨를 알라!'라고 권면할 필요도 없게 될 것이다. 여기서 '야웨를 안다'는 것은 다른 곳에서와 마찬가지로 '율법을 알고 행한다'라는 의미로 확장되고 있다(호 4:1-2; 렘 5:4-5). 백성들은 신명기를 통해 계속해서 "(명령을) 삼가 행하라"(신 5:1, 32, 6:3, 25), 그리고 "스스로 삼가 … 여호와께서 너희와 세우신 언약을 잊지 말라"(신 4:23, 6:12, 8:11)라는 교훈을 받아야 했다. 신명기 6:6-9와 11:18-20의 명령들은 백성들에게 야웨의 말씀을 눈에 띄는 장소들만이 아니라 마음속에 간직하라고 주의를 주고 있다.

그러므로 많은 학자는 율법을 사람의 마음에 기록하는 것이야말로 새 계약에서 발견되는 진정으로 새로운 요소라고 생각했다. 폰 라트는 옛 계약에서 하나님은 말씀하셨고 백성들은 들었지만, 이것은 이제 사라질 모습으로 언급된다. 즉, 하나님이 율법을 직접 이스라엘의 마음에 넣어주실 것이며 순종은 더는 어려운 문제가 되지 않을 것이다.[21] 아마도 우리는 예레미야의 설교에 과장된 말이 나오는 경우가 있음을 염두에 두어야 할 것이다. 예레미야의 다른 설교(렘 50:20 참조)도 마찬가지이다. 과장 없이 소박하게 표현하자면, 예레미야의 메시지는 새로운 상황은 과거의 상황보다 상당히 개선될 것임과, 새 계약이 내면화되면 무언가 분명한 변화가 온다는 메시지이다. 반면, 모두가 야웨를 알게 될 것이라는 말은 결코 문자적으로 실현되지 못할 것이다. 유대인들은 아직 도래하지 않은 메시아 시대에 성취될 행복한 상황을 고대하면서 그들이 원한다면 좀 더 문자적인 해석을 고수할 수 있을 것이다.

마지막으로, 새 계약은 무조건적인 계약이므로 노아, 아브라함, 다윗, 그리고 비느하스와 맺은 계약처럼 영원한 계약이다. 예레미야 32장에서 미래의 계약은 '영원한 계약'으로 묘사되는데, 이 표현은 예언서들의 다른 부분에서도 거듭 사용되고 있다(렘 50:5; 겔 16:60; 사 55:3, 61:8). 해당 구절은 다음과 같다.

21) Von Rad, *Old Testament Theology*, II, 213-214.

보라 내가 노여움과 분함과 큰 분노로 그들을 쫓아 보내었던 모든 지방에서 그들을 모아들여 이 곳으로 돌아오게 하여 안전히 살게 할 것이라 그들은 내 백성이 되겠고 나는 그들의 하나님이 될 것이며 내가 그들에게 한 마음과 한 길을 주어 자기들과 자기 후손의 복을 위하여 항상 나를 경외하게 하고 내가 그들에게 복을 주기 위하여 그들을 떠나지 아니하리라 하는 영원한 언약을 그들에게 세우고 나를 경외함을 그들의 마음에 두어 나를 떠나지 않게 하고 내가 기쁨으로 그들에게 복을 주되 분명히 나의 마음과 정성을 다하여 그들을 이 땅에 심으리라(렘 32:37-41).

예레미야는 시위대 뜰에 갇힌 상태에서도 영원한 계약에 대한 예언을 선포하였다. 백성들이 언젠가는 약속의 땅으로 돌아올 것을 보여주는 표시로서 예레미야는 아나돗에 있는 사촌의 땅을 산 직후에 선포하였다. 이 '영원한 계약'이 예레미야 31:31-34의 '새 계약'과 같다는 점에 대해서 대체로 해석이 일치한다.[22] 이는 새 계약이 영원할 것이라는 점을 보여주는 또 하나의 표시이다. 복과 저주가 함께 들어 있는 시내산 계약에서 영속적인 보증은 결코 주어지지 않았다. 반면 제임스 뮬렌버그는 예레미야의 영원한 계약이 순수한 은혜의 관계가 될 것이라고 말한다.[23]

유대교와 기독교의 새 계약

이스라엘이 바빌론 포로기에서 살아남아 고향으로 귀환하면서, 새롭고 영원한 계약은 새로운 구원의 역사, 새로운 시온, 그리고 새로운 다윗 계열 왕을 포함하는 더 큰 희망의 중심축이 되었다. 포로기 이후 유대교

22) Von Rad, *Old Testament Theology*, II, 214-215.

23) James Muilenburg, "Isaiah," in George A. Buttrick(ed.), *IB* 5(New York: Abingdon Press, 1956), 399.

의 계약 사상은 다소 모호하지만, 전반적으로 희망의 특징을 가지고 있었다. 국가의 모습은 과거의 예를 따라 재건되었는데, 이는 곧 시내산 계약이 다시 한 번 중심이 되었고 율법은 최고의 자리를 차지하였음을 의미한다. 동시에 미래의 새 계약을 찾는 움직임도 있어서, 새 계약의 시기가 오면 메시아의 시대가 열리리라는 기대감이 있었다.

쿰란에서 살던 에세네파 유대인들은 자신들의 시대가 '마지막 날들'이며, 분파주의적 공동체 안에서 사는 자신들에게서 새 계약이 성취될 것이라고 믿었다. 이 공동체와 초대교회 사이에는 중요한 공통점이 있었다. 쿰란 공동체의 구성원들은 계약을 수호하기로 맹세한 사람들이었는데, 이 계약은 '하나님의 계약', '영원한 계약', '회개의 계약', '영원한 사랑의 계약', '새 계약' 등 여러 이름으로 불렸다. 사해문서 중에서 두 개의 분파주의적 문헌, 즉 『규율 매뉴얼』(*Manual of Discipline*, 1QS)과 『다마스커스 문헌』(*Damascus Document*, CD)은 에세네파의 신학을 보여준다. 『규율 매뉴얼』은 공동체의 규칙서였다. 그리고 『다마스커스 문헌』은 '새 계약'이라는 말을 세 번 언급하면서(CD 6:19, 8:21=19:33/34, 20:12) 백성들이 '다마스커스 땅'으로 들어갔다고 말하는데, 여기서 다마스커스는 쿰란 사막에서 생활하는 자신들의 거주지를 부르는 암호였다(암 5:26-27 참조).

유대교로부터 스스로 분리되어, 사해 해변에 자리 잡았던 에세네파는 '새로운 이스라엘'로 거듭나고자 했다. 프랭크 크로스는 『규율 매뉴얼』의 '공동체'라는 말은 곧 '새 계약의 이스라엘'을 뜻한다고 했다.[24] 새 계약에 참여하는 사람들은 모세의 율법을 진지하게 공부해야 했고, 각각의 구성원들은 위계적인 제사장들의 해석에 따라 율법의 요구에 엄격하게 순종해야 했다. 이 위계질서의 최상위에 '의의 스승'이라고 불리는 제사장이 있었는데, 바로 이 사람이 에세네파 최초의 지도자이자 『규율 매뉴얼』의

---

24) Cross, *The Ancient Library of Qumran*, 71.

저자였을 것이다. 이 공동체는 확연하게 율법주의적인 색채를 띠었으며, 이러한 율법주의는 예언자들에 의해 전해졌다. 쿰란의 예언자들이 남겨 준 위대한 유산은 바로 죄란 인간의 영혼 깊숙이 자리 잡고 있으며 회개와 정화를 통해서만 하나님과의 관계를 회복할 수 있다는 신념이었다. 『다마스커스 문헌』은 쿰란 계약을 '회개의 계약'(19:16)이라고 불렀다. 회개는 정화에 선행되어야 했으며 최초의 침례 예식을 통해서 이루어지도록 되어 있었다.

쿰란의 새로운 계약은 영원한 계약으로 이해되었다. 영원하다는 것은 다른 뜻도 있었지만, 최소한 계약 관계에 들어온 입회자는 평생을 공동체 안에서 머물게 된다는 뜻도 있었다(1QS 3:11-12). 쿰란 계약은 매년 갱신되어야 했으며, 그럴 때마다 모든 구성원이 평가를 받았다. 쿰란 계약에도 지켜야 할 의무들이 있었고, 이러한 의무들은 시내산 계약에서처럼 복과 저주에 의해 강화되었다(1QS 2:1-18). 『규율 매뉴얼』은 신명기와 비슷한 부분이 많다. 양자의 주된 차이는 『규율 매뉴얼』에는 과거와 같은 집단적인 면이 없다는 것이다. 즉, 복과 저주의 대상은 이제 개인들이 되었다. 이 책은 또한 계약이 전체적으로 폐기되는 상황에 대해서는 말하지 않고 있으며, 불순종으로 인해 공동체 전체가 파괴되는 상황도 상상하지 않았다. 그러나 실제 역사는 이들의 생각과는 다르게 전개되었다. 쿰란 공동체가 기원후 68년에 베스파시안과 그의 로마 군단에 의해 파괴되고 에세네파는 지상에서 사라지게 된 것이다. 그러나 교회는 새 계약이 파괴될 수 없다는 에세네파의 믿음을 가지고 있었다. 그러나 에세네파의 『규율 매뉴얼』이 전제하고 있는 개인의 책임 사상은 어떤 내적인 동기, 최소한 예레미야가 새 계약 예언에서 품고 있던 그런 내적인 동기에서 나온 것은 아닌 것으로 보인다. 『규율 매뉴얼』과 『다마스커스 문헌』에 분명히 드러난 것처럼, 에세네파는 하나님이 쿰란 사람들 안에 거룩한 영을 두셨다고 말하면서도(1QS 3:7), 순종하라는 경고의 말씀들이 여전히 필요하다고 생각했다.

새 계약 사상은 유대교 안에서 더는 발전하지 않았다. 미드라심—초대 기독교 시대로부터 내려온 유대교의 주석서들—은 예레미야 31:33을 몇 차례 인용하지만, 그 목적은 단순히 토라를 기억해야 한다는 오래된 교훈을 강조하는 데 있었다. 여기서 예레미야 성구는 본래 의미와 가깝게 해석되었다. 즉, 토라를 잊어버리는 것은 현재의 세상에서 일어날 수 있는 일이며, 오직 앞으로 올 세상에서만 토라는 진정으로 마음에 새겨질 것이고, 백성들은 더는 토라를 잊지 않게 될 것이다(렘 31:33에 대해서, 미드라심 전도서 2:1; 미드라심 아가 1:2; 미드라심 페쉬타 107a; 미드라심 얄쿳 참조). 중세의 유대교 저자들은 대체로 기독론적인 해석을 반박하기 위해서 예레미야의 새 계약 구절을 인용하였다. 예컨대 예수와 기독교 복음이 모세의 토라를 폐기할 수는 없으며, 메시아의 시대에 영원한 새 계약이 갱신되고 내면화될 것이라고 주장하는 식이었다.[25] 유대인들에게 표준 참고 자료로 인정받고 있는 현대의 『유대교 백과사전』(*Encyclopaedia Judaica*, 1971-1973)에는 '새 계약'이나 '영원한 계약'이라는 항목이 없다는 것, 그리고 '계약'[26]이라는 항목은 있지만 거기에도 새롭고 영원한 계약에 대한 언급은 없다는 사실에 유의할 필요가 있다.

기독교 교회는 예레미야의 예언을 인수하여, 가장 초기부터 예레미야 31:31-34를 자신에게 적용되는 것으로 주장하고 자신들을 새 계약의 백성이라고 생각했다. 기독교 교회는 또한 자신들이 새로운 백성(벧전 2:1-10), 다시 말해서 새롭게 태어난 이스라엘, 즉 이제는 이방인들까지 포함된 더 포용적인 이스라엘이라고 보았다.[27]

---

25) Richard S. Sarason, "The Interpretation of Jeremiah 31:31-34 in Judaism," in Jakob J. Petuchowski(ed.), *When Jews and Christians Meet*(Albany, NY: State University of New York Press, 1988), 103-119.

26) Moshe Weinfeld, "Covenant," in *EncJud*, V, cols. 1012-1022.

27) 신약성서와 기원후 325년까지의 교부 문헌들에서 '새 계약'의 의미에 대한 더 상세한 논의는 Lundbom, *Jeremiah 21-36*, 474-482 참조.

7장

예레미야의 고백록

탄원으로 점철된 고백록

흔히 예레미야서 안에 예레미야의 '고백록'이 있다는 말을 한다. '고백록'이라는 단어가 사용된 것은 예레미야서의 해당 부분이 성 아우구스티누스의 『고백록』과 유사하기 때문이다. '고백록'은 예언자가 야웨의 말씀을 권위와 열정을 가지고 말하기보다는—물론 그런 부분도 있지만—그보다는 훨씬 더 많은 경우에 지금 일어나고 있는 일들에 대해서 자신이 어떻게 느끼고 있는지, 그리고 자신의 설교 사역이 자기 개인의 삶에 어떤 영향을 미치고 있는지를 우리에게 말해주고 있다는 점에서 예레미야만의 특별한 유산이라고 할 수 있다. 이 고백들에서 우리는 중개자와 하나님 말씀의 전령이라는 예레미야의 역할에 내포된 또 다른 측면을 보게 되는데, 이는 곧 백성들의 근심을 자신의 근심과 함께 야웨 앞에 가지고 나가는 것이다. 그렇다면 고백록은 예레미야의 기도 생활에서 나온 유산이라고도 할 수 있다.

예레미야만큼 자기 영혼의 고뇌를 견딘 예언자는 없었다. 그의 고백들은 시로 되어 있기 때문에 산문으로 된 본문보다 예언자 자신의 말들에 가깝다고 볼 수 있다. 구약성서는 기도와 개인적인 말과 계약을 중개한 다른 중개자들 특히 모세, 사무엘, 엘리야, 그리고 아모스의 대화들을 포함하고 있는데, 그 모든 것은 내러티브로 전해지고 있다. 엘리야는 예레미야처럼 어려움을 호소하기도 하지만(왕상 19:10, 14), 엘리야에게서든 이후의 문서 예언자들에게서든 예레미야의 고백록에 필적할 만한 문헌은 찾아볼 수 없다. 유일하게 예레미야의 고백록과 비교할 만한 구약성서의 문헌은 시편이다. 시편 역시 운문으로 되어 있으며, 예레미야와 비슷하게 영혼의 내밀한 모습을 전달함으로써 다른 문서와는 비교할 수 없는 인류에게 주어진 영적인 보물이 되어 여러 세대를 거쳐 내려오고 있다.

예레미야의 고백들은 거의 탄원으로 되어 있으며 그러한 점에서 시편과 정확히 같은 종류의 운문이라고 할 수 있다. 예레미야의 고백록 중 단 한 부분만이 원수를 이기리라는 확신을 표현하고 있으며(렘 20:11-12), 단 한 부분만이 찬양의 언어를 담고 있다(렘 20:13). 공동체 탄원 몇 편이 예레미야서에서 발견되는데, 이것의 원형 역시 예루살렘 시편에서 찾아볼 수 있다.

19세기 초반 학자들은 예레미야의 고백록과 시편 사이의 유사점에 주목하면서 일부 칠십인역 원문과 불가타 번역 원문이 말하는 것처럼 몇몇 시편을 예레미야의 작품으로 보았다. 헤르만 궁켈(1862-1932)이 시편과 예레미야의 고백록을 비교하는 작업에 선구자적인 업적을 남겼으며, 그의 뒤를 이어 발터 바움가르트너가 1917년에 『예레미야의 탄원시』라는 중요한 논문을 책으로 출판했다.[1] 바움가르트너는 예레미야의 탄원들이 시편의 탄원시들과 거의 차이가 없다는 것을 방대한 연구를 통해 보여주었다. 최근까지도 예레미야의 탄원들에 대한 여러 연구들이 나왔지만 궁켈과 그의 동료들의 양식비평적 연구가 검토하지 않은 몇몇 문학 양식을

1) Baumgartner, *Jeremiah's Poems of Lament*, trans. David E. Orton(Sheffield: Almond Press, 1988).

검토했을 뿐 바움가르트너의 연구에서 크게 진보하지는 못하고 있다.[2)]

여기에서 말하는 개인적, 공동체적 탄원(lament)이라는 것은 죽은 사람을 추모하는 탄원을 말하는 것은 아니다. 후자는 만가(挽歌)라고 부르며 탄원과는 기본적으로 다른 종류의 문학이다. 칼 부데는 '키나' 장르[3)]에 대한 중요한 연구를 남겼는데, 절대적이지는 않지만 주로 여자들이 죽은 자를 애도하는 사람들의 노래를 인도하면서, 기술적으로 세심하게 고안된 이 장송곡(3.2 리듬)을 불렀다(렘 9:17-22 참조). 역대기 기자는 예레미야가 요시야 왕을 위해 만가를 지었다고 말하지만(대하 35:25), 예레미야서에는 기록되어 있지 않다. 그러나 동일한 종류의 다른 작품들을 예레미야에서 찾아볼 수 있다(렘 22:10, 18-19, 28-30).

시편의 개인 탄원시와 공동체 탄원시

궁켈은 창세기에 대한 두 권의 대작[4)]을 완성한 이후 시편과 문학 장르에 대한 연구로 주제를 전환했다. 선별된 시편들에 대한 궁켈의 첫 번째 연구서가 1904년에 출판되었으며,[5)] 한 해 전에는 논문 몇 편이 영어로

---

2) A. R. Diamond, *The Confessions of Jeremiah in Context*, JSOTSup, 45(Sheffield: JSOT Press, 1987); Kathleen M. O'Connor, *The Confessions of Jeremiah*, SBLDS, 94(Atlanta: Society of Biblical Literature & Scholars Press, 1988); Mark Smith, *The Laments of Jeremiah in their Contexts*, SBLMS, 42(Atlanta: Scholars Press, 1990).

3) Budde, "Das hebräische Klagelied," *ZAW* 2(1882), 1-52.

4) Gunkel, *Schöpfung und Chaos in Urzeit und Endzeit*[English: *Creation and Chaos in the Primeval Era and the Eschaton*]; *Genesis*, trans. Mark E. Biddle (Macon, GA: Mercer University Press, 1997).

5) Gunkel, *Ausgewählte Psalmen übersetzt und erklärt*, 3rd edn.(Göttingen: Vandenhoeck & Ruprecht, 1911).

번역되었다.[6] 1926년에는 궁켈의 시편 주석이 출판되었으며[7] 뒤이어 1930년에는 시편에 대한 궁켈의 중요한 논문이 *RGG2*에 발표되었다. 이 논문은 영어로 번역되어 『시편: 양식비평 입문』(*The Psalms: A Form-Critical Introduction*)이라는 책으로 출판되었다.[8] 시편에 대한 궁켈의 대표작은 요아킴 베그리히에 의해 완성되어 1933년, 궁켈 사후에 출판되었다.[9]

선별된 시편에 대한 초기 논문들보다 훨씬 중요한 연구는 구약의 양식비평적 연구에 대한 궁켈의 논문들이다.[10] 이 논문들에서 궁켈은 이스라엘 문헌의 역사를 저술하려는 자신의 더 큰 목표를 위해 문학적 '양식

---

6) 시편 1, 8편, 19:1-6, 24, 42, 43, 46, 103, 137편에 대한 논문이 1903년판 *Biblical World*에 번역 출간되었다.

7) Gunkel, *The Psalms: A Form-Critical Introduction*, Facet Books(Philadelphia: Fortress Press, 1967), vii에 실린 뮬렌버그의 서론을 참조하라.

8) Gunkel, *The Psalms: A Form-Critical Introduction*.

9) Gunkel, *Introduction to Psalms*, completed by Joachim Begrich; trans. James D. Nogalski(Macon, GA: Mercer University Press, 1998).

10) Gunkel, "Die Grundprobleme der israelitischen Literaturgeschichte," *DLZ* 29(1906), 1797-1800, 1861-1866[English: "Fundamental Problems of Hebrew Literary History," in Gunkel, *What Remains of the Old Testament and Other Essays*, trans. A. K. Dallas(London: George Allen & Unwin, 1928), 57-68; "Israelite Literary History," in Gunkel, *Water for a Thirsty Land*, trans. K. C. Hanson(Minneapolis: Fortress Press, 2001), 31-41]; "Die israelitische Literatur," in Paul Hinneberg(ed.), *Die Kultur der Gegenwart: Die orientalischen Literaturen*, I. 7(Berlin and Leipzig: B. G. Teubner, 1906), 51-102; "Die Religionsgeschichte und die alttestamentliche Wissenschaft," in Max Fischer and Friedrich Michael Schiele(eds.), *Fünfter Weltkongress für freies Christentum und religiösen Fortschritt, Berlin 5. bis 10. August 1910, Protokollder Verhandlungen*(Berlin: Verlag des Protestantischen Schriftenvertriebs, 1910), 169-180[English: *The History of Religion and Old Testament Criticism*(Berlin-Schöneberg: Protestantischer Schriftenvertrieb and London: Williams Norgate, 1911)].

들' 혹은 '유형들'을 규명하고자 했다. 궁켈의 더 큰 목표는 이루어지지 못했지만, 그의 연구는 구약성서에 존재하는 다양한 문학 장르를 규명함으로써 구약학과 신약학 연구에 특별한 공헌을 했다. 궁켈은 시편의 주된 장르로서 찬송시, 공동체 탄원시와 개인 탄원시, 감사시, 개인의 노래, 그리고 제왕시 등을 찾아냈다. 또한 보조적으로 사용된 문학 유형들과 몇몇 혼합 유형도 규명했다. 궁켈은 이렇게 밝혀진 시편의 장르들을 성서의 다른 곳이나 성서 외의 문헌, 예컨대 바빌론 시편 등에서 발견되는 유사한 장르들과 비교 연구했다.

궁켈은 각각의 장르가 만들어진 삶의 자리(Sitz im Leben)를 규명하고자 했다. 그는 찬송시들은 성전에서 불리었으며, 고소고발 건은 성문에서 나온 것이고, 예언적 신탁들은 성전 바깥뜰에서 선포되었고, 승리의 노래들은 전투에서 돌아오는 승전의 영웅들이 부른 것이며, 만가들은 죽은 자의 상여 앞에서, 그리고 제사 예식과 양식들은 성전에서 불리었다고 말했다. 이 외에도 궁켈은 여러 장르의 삶의 자리를 규명하였다.[11] 공동체 탄원시들은 작황이 좋지 않을 때, 전염병이 창궐할 때, 혹은 적으로부터 위협이 있을 때 낭송되었다.

궁켈은 고대인들이 오늘날의 사람들보다 관습에 더 얽매어 살았다고 생각한 에두아르드 노든[12]의 영향을 받아, 각 장르에서 전형적으로 쓰이는 단어들에 특별히 주목하게 되었다. 예컨대 찬송시들은 '야웨를 찬송하라', 만가들은 '어찌하여', 그리고 예언적 책망은 '화 있을진저'로 시작된다.[13] 궁켈은 이것들을 현대의 관습적인 구문들, 예컨대 동화의 시작 부분에 나오는 '옛날 옛적에', 편지를 시작하는 '~귀하', 그리고 설교를 시작할 때 많이 쓰이는 '주님의 사랑을 받은 여러분' 등과 비교했다.[14]

---

11) Muilenburg, "Introduction" to Gunkel, *The Psalms: A Form-Critical Introduction*, v-vi.

12) Norden, *Die antike Kunstprosa*, I-II(Stuttgart: B. G. Teubner, 1958).

13) Gunkel, "Israelite Literary History," 33.

궁켈과 이후의 양식비평 학자들이 문학적 단위를 구분 지은 가장 중요한 기준은 본문의 내용이었지만 전형적으로 쓰이는 시작 문구들도 단위 구분 작업에 유용했다. 시편에서는 내용과 다음 장의 숫자를 기준 삼아 한 편의 시의 시작과 끝을 상당히 쉽게 구분할 수 있다. 그러나 예언서들에서는 문제가 더 어려웠다. 예언서에 대한 양식비평적 연구는 '야웨께서 이와 같이 말씀하시되', 혹은 '야웨의 말씀이니라'라는 메신저 공식만을 가지고 신탁들을 구분해야 했던 것이다.[15] 이런 말들은 예언적 신탁의 시작 부분이나 끝 부분에 가장 자주 나타나며, 때로는 시작과 끝 부분 모두에 나타난다. 적어도 예레미야서에서는 이러한 형식들이 신탁의 중간에 나타나는 일은 매우 드물다.

이스라엘 문헌의 문서화 이전 단계에 주로 관심을 가졌던 궁켈은 느슨한 연결이야말로 구전의 특징이라고 생각했다. 궁켈은 예언자들의 말이 '줄에 끼어진 진주'와 같다고 말한 요한 헤르더의 영향을 받아 이러한 생각을 했음이 분명하다.[16] 구전과 기록물을 막론하고 히브리어로 된 작품들에서 주제어(keyword)와 핵심 단어(catchword)가 차지하는 중요성을 알게 된 지금 헤르더와 궁켈이 기본적으로 올바른 관찰을 했음을 볼 수 있다. 개별적인 시편과 시편 모음에서도 주제어와 핵심 단어가 사용되고 있다. 마르틴 부버는 "주제어의 반복적 사용은 시편의 기본적인 작문법이다"라고 말한 바 있다.[17]

궁켈은 개인 탄원시와 다른 개인적인 노래들에서 시인 '나'는 개인을 말한다고 생각했다. 따라서 궁켈은 시편에서의 '나'를 공동체가 의인화된

---

14) Gunkel, *Introduction to Psalms*, 17.

15) Ludwig Köbler, *Deuterojesaja(Jesaja 40-55) stilkritisch untersucht*, BZAW, 37(Gissen: Alfred Töpelmann, 1923).

16) J. G. Herder, *The Spirit of Hebrew Poetry*, I, trans. James Marsh(Burlington, VT: Edward Smith, 1833), 81.

17) Buber, *Good and Evil*(New York: Charles Scribner's Sons, 1953), 52.

것이라고 본 루돌프 스멘트[18]의 해석에 반대했다. 궁켈은 공동체가 의인화되는 경우는 극심한 수난의 맥락(애 1:9, 11-16, 18-19), 시편 기자가 매우 분명하게 밝히는 경우(시 129:1), 문맥상 그렇게 해석해야만 할 경우(미 7:7-10; 사 21:10; 솔로몬의 시편 1편)에만 국한된다고 생각했다. 드물게 나타나는 이러한 표시가 없을 경우라면 '나'는 시편 기자 자신으로 보아야 한다. 궁켈은 스멘트의 해석이 이전 시대에 성행했던 성서에 대한 풍유적 해석의 잔재라고 생각했다.[19] 그러나 지난 세기에 헤닝 그라프 레벤틀로브가 예레미야의 고백록에 집단적 의미의 '나'가 사용되고 있다는 주장을 하고,[20] 반대로 존 브라이트가 예레미야의 '나'는 자신의 개인적인 고통을 표현하고 있다고 주장하면서[21] 이 논쟁이 다시 불붙었다. 이에 대해서는 궁켈과 브라이트의 견해가 좀 더 적합한 것으로 보인다.

궁켈은 히브리 시편은 개인의 시를 다양하게 모아놓은 것이라고 보았으며 이를 '시편의 썩지 않을 보화'라고 불렀다. 궁켈이 보기에 이 노래들은 개신교 찬송가의 원형이었다.[22] 개인 탄원시와 공동체 탄원시의 핵심 부분은 다음과 같다.[23]

(1) 야웨의 동정심을 불러일으키려는 목적을 가지고 시편 기자의 수난을 묘사하는 탄원시. 이러한 탄원시들은 대단히 감정적인 성격을 띤다. 비참한 지경에 처한 시편 기자를 조롱하는 적들에 대해 불평하고 그

---

18) Smend, "Ueber das Ich der Psalmen," *ZAW* 8(1888), 49-147.
19) Gunkel, *The Psalms: A Form-Critical Introduction*, 15-17.
20) Henning Graf Reventlow, *Liturgie und prophetisches Ich bei Jeremia*(Gütersloh: Gütersloher Verlagshaus Gerd Mohn, 1963).
21) John Bright, "Jeremiah's Complaints: Liturgy, or Expressions of Personal Distress?," in Durham and Porter(eds.), *Proclamation and Presence*, 189-214.
22) Gunkel, *The Psalms: A Form-Critical Introduction*, 33.
23) *Ibid.*, 34-35.

들의 죽음을 기다리는 내용이 자주 등장한다. 시편 기자 자신은 자신의 무죄함을 표현하고 하나님이 자신의 무죄함을 인정하시도록 설득하거나(시 17, 26편), 그렇지 않으면 자신의 죄를 고백하고 용서를 구한다(시 51편).[24] 궁켈은 예레미야서와 욥기에서 공통적으로 개인 탄원들이 무죄를 호소하는 내용을 담고 있음에 주목했다.[25]

(2) 재앙의 성격이 어떤 것이든, 그 재앙을 없애 달라고 야웨께 간청하는 내용. 하나님이 복수해 주시기를 청하는 내용이 흔하다. 여기에는 온갖 종류의 변론이 사용된다. 또한 확신의 표현도 포함되는데, 궁켈은 한편으로는 격정적인 탄원과 하나님께 대한 간청이, 그리고 다른 한편으로는 확신에 찬 소망이 교차하는 양식에 주목했다(시 3, 123, 130편).

(3) 들으심에 대한 확신(시 22편). 어떤 경우에는 제사장이 하나님이 들으실 것이라는 확신을 하나님의 이름으로 선포하기도 했다.[26]

시편의 개인 탄원시들은 시편 3편, 5편, 6편, 7편, 13편, 17편, 22편, 25편, 26편 등이다. 공동체 탄원시는 시편 44편, 74편, 79편, 80편, 83편, 89:38-51, 94:1-7 등이다. 궁켈은 예레미야서에서는 3:22b-25, 14:7-9, 19-22가 죄의 고백을 담고 있는 공동체 시편이라고 밝혔다. 예레미야 14장의 공동체 탄원은 극심한 가뭄 가운데 불리었다(렘 14:2-6).

시편의 수사학과 문장

시편에 대한 좀 더 최근의 연구는 수사학과 문장에 초점을 맞추고 있

24) *Ibid.*, 13-15, 19-22.
25) *Ibid.*, 36.
26) *Ibid.*, 14-15.

다. 예컨대 미첼 다후드는 여러 편의 시편에서 수미상관이 사용된 사례들을 찾았다.[27] 다음과 같은 경우들이다.

시편 1편, '죄인들의 길'(1절)과 '악인들의 길'(6절)
시편 17편, '의의 호소'(1절)와 '의로운 중에'(15절)
시편 26편, '야웨를 의지하였사오니'(1절)와 '야웨를 송축하리이다'(12절)
시편 30편, '야웨 내 하나님이여'(2절)와 '야웨 나의 하나님이여'(12절)
시편 69편, '나를 구원하소서'(1절)와 '하나님이 시온을 구원하시고'(35절)
시편 70편, '야웨여 … 나를 도우소서'(1절)와 '야웨는 나의 도움이시고'(5절)
시편 84편, '만군의 야웨여'(1절)와 '만군의 야웨여'(12절)

시편 8편에도 찬양의 수미상관이 쓰이고 있다.

야웨 우리 주여
주의 이름이 온 땅에 어찌 그리 아름다운지요 주의 영광이 하늘을 덮었나이다(1절).

야웨 우리 주여
주의 이름이 온 땅에 어찌 그리 아름다운지요(9절).

시편 106편, 135편, 146-150편은 '야웨를 찬송하라'는 말로 시작되고 끝난다. 104편이 본래 '내 영혼아 야웨를 송축하라' 시편인 점을 고려하여 104편의 끝부분인 '야웨를 찬송하라'를 본래 위치인 105편의 시작 부분에

---

27) Mitchell Dahood, *Psalm I: 1-50*, AB, 16(Garden City, NY: Doubleday, 1966); *Psalms II: 51-100*, AB, 17(Garden City, NY: Doubleday, 1968); *Psalms III: 101-150*, AB, 17A(Garden City, NY: Doubleday, 1970).

놓는다면 105편도 역시 '야웨를 찬송하라'는 말로 수미상관을 이루게 된다. 103편과 104편은 '내 영혼아 야웨를 송축하라'는 문구로 시작하고 끝을 맺고 있다.

시편은 주제어를 통해 서로 연결되도록 구성되었다. 시편 1편과 2편은 시편 1:1과 시편 2:12에 나오는 '복 있는/행복한'이라는 주제어로 연결되어 있다. 뮬렌버그는 시편 20편과 21편이 어떻게 주제어로 연결되어 있는지를 보여주었다.[28] 시편 20:4는 전장으로 출정하는 왕에게 다음과 같은 축복의 말을 들려준다.

그가 네 마음의 소원대로 허락하시기를 원하노라.

그리고 시편 21:2에서는 승전하고 돌아온 왕이 다음과 같이 야웨를 찬양한다.

그의 마음의 소원을 들어주셨나이다.

예레미야서의 개인 탄원과 공동체 탄원

궁켈은 예언자들이 서정시와 다른 문학 양식들을 사용한 것은 자신들의 감정을 표현하기 위한 것, 혹은 이러한 양식들에서 감동을 잘 받는 사람들에게 깊은 인상을 남기기 위한 것이었다고 보았다.[29] 궁켈이 보기에 예레미야의 탄원들은 개인적인 것이든 공동체적인 것이든 간에 제의 양식을 모방한 장르들이었다. 예레미야의 모든 사역은 예루살렘에서 이

28) Muilenburg, "Psalms 20–21"(1956년 성서학회 연례회의에서 발표된 미출판 논문).
29) Gunkel, *The Psalms: A Form-Critical Introduction*, 1–2.

루어졌으므로 그가 성전의 예배로부터 영향을 받았으며 탄원 양식들을 잘 알고 있었으리라는 것은 의심할 여지가 없다. 궁켈은 예언자들이 이스라엘이 회개할 날을 바라보면서 죄의 고백록을 준비하거나(호 6:1-3, 14:2-3; 렘 14:7-9, 19-22), 현재 처한 어떤 곤경으로부터 구원받을 때 부르게 될 기쁨의 찬송을 지었다고 생각했다. 궁켈은 예언 문헌의 탄원들이 대체로 (1) 열정적인 호소, (2) 하나님의 응답이라는 두 부분으로 이루어져 있음을 발견했다. 예레미야의 탄원들에는 많은 경우 하나님의 응답이 함께 나오지만 항상 그런 것은 아니다. 탄원의 형태는 다양하다. 어떤 탄원은 여러 명의 화자가 대화를 나누는 형식으로 되어 있지만(렘 8:18-21, 17:13-16a), 그 외의 다른 형식들도 있다. 예컨대 예레미야 20:7-13은 탄원 다음에 확신의 찬송이 나오고 구원을 기뻐하는 말로 마무리되고 있다.

궁켈과 바움가르트너가 탄원에 전형적으로 나타나는 단어와 구문들을 관찰한 것에 비해 뮬렌버그와 다른 학자들의 계통을 따라 전개된 수사비평은 본문의 형식과 수사학, 그리고 구성에 대한 더 큰 통찰들을 제공해 왔다.[30] 수사비평은 성서 본문을 볼 때 그 양식에 해당되는 일반적인 특징들을 찾기보다는 성서 본문에만 해당되는 고유한 특징들을 찾고자 한다.[31]

예레미야 본문의 단위를 구분하는 작업은 위에서 말한 것처럼 시편의 시들을 구분하는 것보다 상당히 어려운 일이다. 여기에는 수사학적인 기준과 비수사학적인 기준들이 모두 사용되어야 하는데, 이는 예레미야의 탄원들이 다음과 같은 특징을 가지고 있음을 의미한다.

---

30) Muilenburg, "Form Criticism and Beyond," 1-18; Lundbom, *Jeremiah: A Study in Ancient Hebrew Rhetoric*, SBLDS, 18(Missoula, MT: Society of Biblical Literature & Scholars Press, 1975)[2nd edn. Winona Lake, IN: Eisenbrauns, 1997]; *Jeremiah 1-20; Jeremiah 21-36; Jeremiah 37-52.*

31) Muilenburg, "Form Criticism and Beyond," 4-5.

(1) 시에서 산문으로 전환, 혹은 산문에서 시로 전환
(2) 탄원들을 구분하고 내적인 구조를 형성하는 수사학적 구조들(반복, 수미상관, 교차배열법)
(3) 구간 표시들(시작과 끝을 표시)
(4) 개인과 공동체 탄원들에 나타나는 인칭대명사를 포함한 내용, 그리고 탄원 형식에서 전형적으로 나타나는 단어들
(5) 하나님을 지칭하는 '나'와, 메신저 공식들이 나타나는 예언적 신탁들로서 주어진 하나님의 대답들('야웨께서 이같이 말씀하시되' 그리고 '야웨의 말씀이니라')

아래에서 예레미야서에 나오는 17편, 혹은 19편의 탄원의 내용을 간략하게 제시하겠다. 전부는 아니지만 대부분의 탄원은 궁켈과 바움가르트너가 찾아낸 것들이다. 세 편은 공동체적 탄원으로서 회개하는 내용을 담고 있다. 개인 탄원들은 예레미야가 하나님께 잘못을 바로잡아 달라고 요청하는 한 편을 제외하면 대부분의 경우 개인의 무죄함을 호소하고 있다.

예레미야 3:21-25

여기에는 백성들에게 회개를 촉구하는 예언의 말이 나오며(21-22a절), 뒤이어 죄의 고백을 포함하는 공동체의 탄원이 나온다(22b-25절). 이중 뒷부분은 예레미야 2장과 3장에 나오는 배교와 회개에 대한 격렬한 신탁들을 조용히 종결하는 역할을 하고 있다. 22b절의 '우리가'(궁켈), 그리고 22b절과 23절의 '우리 하나님'이라는 단어는 이 탄원이 공동체 탄원임을 밝혀준다. 죄의 고백은 24-25절의 산문으로 확장된다. 주제어들이 회개의 촉구와 공동체 탄원을, 그리고 이 공동체 탄원과 24-25절의 확장된 부분(밑줄)을 연결해 준다. 공동체 탄원과 확장된 부분은 모두 주제어(진한 글씨)를 내포하고 있다. 21-25절의 처음과 끝을 구분해 주는 구간 표시들이 보인다. 25절 마지막 부분에도 이번 장이 끝난다는 표시가 있다.

다음은 회개를 촉구하는 예언자의 호소이다.

21 소리가 헐벗은 산 위에서 들리니
곧 이스라엘 자손이 애곡하며 간구하는 것이라
그들이 그들의 길을 굽게 하며
자기 하나님 여호와를 잊어버렸음이로다.

22a 배역한 자식들아 돌아오라
내가 너희의 배역함을 고치리라 하시니라.

다음은 죄의 고백을 포함하는 공동체적 탄원이다.

22b 보소서 우리가 주께 왔사오니
주는 우리 하나님 여호와이심이니이다.

23 작은 산들과 큰 산 위에서 떠드는 것은
참으로 헛된 일이라
이스라엘의 구원은 **진실로**
우리 하나님 여호와께 있나이다.

24 부끄러운 그것이 **우리가 청년의 때로부터 우리 조상들**의 산업인 양
떼와 소 떼와 아들들과 딸들을 삼켰사온즉 25 우리는 수치 중에 눕겠고
우리의 치욕이 우리를 덮을 것이니 이는 우리와 **우리 조상들이 청년의
때로부터** 오늘까지 우리 하나님 여호와께 범죄하여 우리 하나님 여호와
의 목소리에 순종하지 아니하였음이니이다.

예언의 말씀을 선포하는 것은 제의를 맡은 사람인데, 여기서는 예레

미야 자신일 수도 있다. 공동체 탄원은 회중이 함께 읽도록 되어 있는 것이다. 예언의 말의 화자는 교차된다. 제의 담당자가 21절을 말하고("그들이 자기 하나님 여호와를 잊어버렸음이로다"), 야웨가 22a절을 말씀하신다("내가 너희의 배역함을 고치리라 하시니라"). 궁켈은 예레미야가 이 공동체 탄원에서 이스라엘이 자신의 방탕한 길을 버리고 회개할 날을 예견하고 있다고 생각했다.[32)]

예레미야 4:19-22

여기에서는 두 편의 시가 합쳐져서 하나의 개인 탄원(19-21절)과 그에 대한 하나님의 응답(22절)을 이루고 있는 것으로 보인다. 주석가들은 보통 이 구절들을 함께 다루고 있다. 궁켈은 탄원 부분은 논의하고 있지 않지만 바움가르트너는 19-21절이 탄원 형식을 반영하고 있다고 말한다.[33)] 아르투르 바이저도 19-21절을 탄원이라고 보았다.[34)] 이 탄원은 구간 표시에 의해 그 시작과 끝이 구별된다. 그러나 22절 다음에는 새로운 구간이 없다. 하나님의 응답은 메신저 공식으로 되어 있지 않지만, '내 백성'과 '나'라는 말이 시작 부분에 등장하는 것이 야웨께서 말씀하고 계심을 드러내 준다. 탄원과 하나님의 응답은 구조적으로 모두 내적 주제어(진한 글씨)를 가지고 있다.[35)]

다음은 예레미야의 탄원이다.

19 슬프고 아프다

---

32) Gunkel, *The Psalms: A Form-Critical Introduction*, 14. 라쉬(Rashi) 등 다른 학자들도 비슷한 견해를 가지고 있었다.

33) Baumgartner, *Jeremiah's Poems of Lament*, 83.

34) Weiser, *Das Buch Jeremia 1-25*, ATD, 20; 8th edn.(Göttingen: Vandenhoeck & Ruprecht, 1981).

35) Lundbom, *Jeremiah 1-20*, 350-351.

내 마음속이 아프고
내 마음이 답답하여
잠잠할 수 없으니

이는 나의 심령이 나팔 소리와
전쟁의 경보를 들음이로다
20 패망에 패망이 연속하여
온 땅이 탈취를 당하니
나의 장막과 휘장은 갑자기 파멸되도다
21 내가 저 깃발을 보며
나팔 소리 듣기를 어느 때까지 할꼬.

다음은 하나님의 응답이다.

22 내 백성은
나를 알지 못하는
어리석은 자요
지각이 없는 미련한 자식이라
악을 행하기에는 지각이 있으나
선을 행하기에는 무지하도다.

이 탄원에서 예레미야는 자신과 유다의 상처를 토로하고 있다. 후반부에서는 자기 자신과 대화하고 있으며(19c: "나의 심령이, 들음이로다"), 끝부분에서는 자신의 고통이 얼마나 오래 지속될 것인지 묻고 있다. 야웨는 고통이 얼마나 오래 지속될 것인지 대답하지 않으신다. 야웨는 백성들의 어리석음만을 말한다. 볼츠는 이것을 '야웨의 탄원'이라고 부른다.[36] 예레미야가 상처를 받았듯이 야웨도 상처를 받으신 것이다.

예레미야 8:18-21

예레미야는 이 본문에서 예레미야 자신, 백성, 야웨 삼자 간의 대화를 기술하고 있는데, 야웨는 예상치 못한 순간에 대화의 중심으로 진입한다. 본문은 화자의 교차배열적 구성을 채택하고 있다. 예레미야의 탄원은 시작과 끝부분에, 그리고 다른 화자들의 말은 그 중간에 배열되어 있다.[37] 탄원은 18절부터 시작된다. 그러나 다음 구간이 예레미야 9:3 이후에 나오기 때문에 어디를 이 탄원의 끝으로 보아야 하는지에 대해서는 논란이 있었다. 바움가르트너를 포함한 이전 세대의 학자들은 현재의 본문에 예레미야 9:1까지도 포함시켰지만 그것은 올바른 해석이 아니다. 본문은 8:18-21을 한 단위로 보아야 한다(RSV, NRSV). 그 뒤를 이어서는 8:22-9:2를 한 단위로 하는 또 다른 개인 탄원이 등장한다. 그러나 바움가르트너는 18-21절에서 화자의 순서를 올바르게 구별하고 있다.[38] 궁켈은 이 본문을 애가에 대한 논의에서 다루고 있지 않다.

예레미야: 18 슬프다 나의 근심이여
어떻게 위로를 받을 수 있을까
내 마음이 병들었도다.

백성: 19 내 백성의 심히 먼 땅에서 부르짖는 소리로다
여호와께서 시온에 **계시지 아니한가,**
그의 왕이 그 가운데 **계시지 아니한가.**

야웨: 그들이 **어찌하여** 그 조각한 신상과 이방의 헛된 것들로
나를 격노하게 하였는고 하시니

---

36) Volz, *Dear Prophet Jeremia*.

37) Lundbom, *Jeremiah 1-20*, 528-529.

38) Baumgartner, *Jeremiah's Poems of Lament*, 84.

백성: 20 추수할 때가 지나고
여름이 다하였으나
우리는 구원을 얻지 못한다 하는도다.

예레미야: 21 딸 내 백성이 상하였으므로
나도 상하여 슬퍼하며
놀라움에 잡혔도다.

19절은 '계시지 아니한가 … 계시지 아니한가 … 어찌하여'라는 형식에 담긴 삼중의 수사학적 질문으로서 예레미야 특유의 것이다. 그런데 본문의 수사학적 질문은 백성들이 던진 두 개의 질문을 야웨가 세 번째 질문으로써 끊고 있다는 점에서 예레미야서의 다른 곳과 다르다. 18절과 21절에 쓰인 일인칭 대명사는 탄식하는 예언자를 가리킨다. 백성들의 탄원은 당면한 재앙에 대한 것으로서, 19a절의 질문들과 20절의 절박한 말은 위협적인 적 앞에서 도움을 찾지 못하는 백성들의 상황을 나타낸다. 이러한 여러 탄원에 대한 하나님의 답변은 주어지지 않고 있다. 야웨의 결정적인 말씀은 탄원의 중간에 주어진다. 그럼으로써 백성들에게 그들의 질문에 대한 답변이 속히 주어지지 않을 것임을 보여주고 있는 것이다.

예레미야 8:22-9:2

이 개인 탄원에서는 예레미야만이 화자로 등장한다. 8:22-9:11을 더 큰 교차배열법으로 보면, 이 본문과 9:10-11에 나오는 또 다른 개인 탄원(하나님의 응답이 주어지는)이 균형을 이루고 있다. 이러한 수사학적 구조의 중간점에 혀를 잘못 놀리는 것에 대한 하나님의 말씀이 등장한다.[39] 이 구조는 편집된 것으로 보이기 때문에 탄원들과 신탁들 사이에 연관이

39) Lundbom, *Jeremiah 1-20*, 534-536.

있다는 것이 분명하지 않다. 이 탄원의 범위를 정하려면 서로 맞물리는 결말과 반복으로 시작하는 수사학적 구조(진한 글씨)를 보아야 한다. 마지막 구절은 후대에 확장된 것이다. 궁켈은 9:1이 개인 탄원의 언어를 쓰고 있다고 말하면서도 본문을 탄원으로 보지 않았다.[40] 바움가르트너는 처음 두 절을 8:18-21에 나오는 탄원에 포함시켰다.[41]

22 길르앗에는 유향이 **있지 아니한가**
그 곳에는 의사가 **있지 아니한가**
딸 **내 백성**이 치료를 받지 못함은
어찌 됨인고.

1 **어찌하면** 내 머리는 물이 **되고**
내 눈은 눈물 근원이 **될꼬**
죽임을 당한 딸 **내 백성**을 위하여
주야로 울리로다.

2 내가 광야에서
나그네가 머무를 곳을 **얻는다면**
내 백성을
떠나 가리니

그들은 다 간음하는 자요 반역한 자의 무리가 됨이로다.

이 탄원도 예레미야 8:19에서 본 것과 같이 '있지 아니한가 … 있지

40) Gunkel, *Introduction to Psalms*, 155.
41) Baumgartner, *Jeremiah's Poems of Lament*, 84.

아니한가 … 어찌 됨인고'라는 삼중적인 수사학적 질문을 던지고 있다. 예레미야는 유다가 치료를 받지 못하는 것처럼 보이는 상황에 대해서 한탄하고 있다. 예레미야는 죽임을 당한 백성들에 대해서 슬피 우는 것 외에는 아무것도 할 수 없는 상황에 처하여 차라리 백성을 떠나 광야로 피하는 것을 바라고 있다.

예레미야 9:10-11

위에서 말한 것처럼 이 개인 탄원(10절)은 8:22-9:2의 개인 탄원에 균형을 맞춰주고 있다. 후자는 두 편의 탄원이 교차배열법에 의해 편집된 신탁과 함께 나오는 구조였다. 그러나 본문의 탄원은 주제어(밑줄)에 의해서 하나님의 응답(11절)과 연결되어 있는 구조로 되어 있다. 하나님의 응답은 메신저 공식으로 되어 있지 않지만, 이 절의 '내가'는 야웨가 말씀하시는 것을 나타낸다고 볼 수밖에 없다. 탄원과 하나님의 응답은 처음과 마지막 부분에 나오는 구간 표시들에 의해 그 범위가 표시되어 있다. 궁켈은 10절은 성읍 어딘가에서 공동체 탄원을 부르는 상황을 묘사한다고 보았다.[42] 바움가르트너는 예레미야가 만가 형식을 사용하거나 암시하고 있다고 보았다.[43]

다음은 예레미야의 탄원이다.

10 내가 산들을 위하여 울며 부르짖으며
광야 목장을 위하여 슬퍼하나니

이는 그것들이 불에 탔으므로 지나는 자가 없으며
거기서 가축의 소리가 들리지 아니하며

42) Gunkel, *Introduction to Psalms*, 83.
43) *Ibid.*, 113 n. 35.

공중의 새도 짐승도
다 도망하여 없어졌음이라.

다음은 하나님의 응답이다.

11 내가 예루살렘을 무더기로 만들며
승냥이 굴이 되게 하겠고
유다의 성읍들을 황폐하게 하여
주민이 없게 하리라.

예레미야 9:1에서 예레미야는 죽임을 당한 유다의 백성들을 위해서 울었다. 여기에서 예레미야는 불타고 황폐하게 된 땅을 위해서 울고 있다. 응답 부분에서 야웨는 예레미야가 이러한 상황을 더 많이 보게 될 것이라고 말씀하신다. 농촌이 황폐하게 될 뿐만 아니라 예루살렘과 그 이웃 성읍들도 황무지가 될 상황인 것이다.

예레미야 10:19-21

구간 표시에 의해 처음과 끝이 구분되는 이 탄원에는 하나님의 응답이 나타나지 않는다. 양식과 내용에서 이 탄원은 예레미야 4:19-22의 탄원과 유사하지만 후자에는 하나님의 응답이 나온다는 점이 다르다(렘 4:22). 여기서 예레미야는 어리석은 사람들에 대한 심판을 선언한다(21절). 궁켈은 10:19-22를 시온이 부르는 개인 탄원으로 보았다. 그의 견해에 따르면 여기서 '내가'는 전체 공동체가 모인 곳에서 한 개인이 탄원을 부르던 상황을 배경으로 한다.[44] 다른 주석가들은 20절을 의인화된 예루살렘(혹은 유다)이 말하는 것('내 자녀')으로, 그리고 21절을 예레미야가 말하는

---

44) *Ibid.*, 87, 122.

것으로 보는 데 의견이 일치한다. 나는 19절의 화자도 예레미야라고 해석한다.[45] 그렇다면 본문은 예레미야와 예루살렘이 교차하면서 탄원을 말하는, 3연으로 이루어진 시라고 할 수 있다. 제2연과 제3연은 고유의 내적인 수사학적 구조를 내포하고 있다(진한 글씨).

19 슬프다 내 상처여
내가 중상을 당하였도다
그러나 내가 말하노라
이는 참으로 고난이라
내가 참아야 하리로다.

20 **내 장막**이 무너지고
나의 모든 줄이 끊어졌으며
내 자녀가 나를 떠나가고 있지 아니하니
내 장막을 세울 자와
내 휘장을 칠 자가 다시 없도다.

21 **목자들**은 어리석어
여호와를 찾지 아니하므로
형통하지 못하며
그 모든 양 떼는 흩어졌도다.

예레미야의 탄원은 '슬프다'라는 말로 시작된다. 이는 예레미야 15:10의 탄원도 마찬가지이다. 예언자는 예레미야 4:19–21에서 그랬던 것처럼 다시 한 번 자신의 아픔과 고난에 대해서 말한다. 아픔과 고난은 시편

45) Lundbom, *Jeremiah 1–20*, 603.

에 실린 탄원들의 주된 소재이기도 하다. 이 탄원에서 예레미야는 고난으로부터 건져주실 것을 구하지 않고, 오히려 고난을 참아야만 한다고 스스로 말하고 있다. 예루살렘 혹은 유다는 성읍과 농촌 지역이 적들에 의해서 황폐하게 되었으며 많은 사람이 죽임을 당하거나 포로로 끌려갔다. 마지막 부분에서 예레미야는 어리석은 왕들과 국가의 지도자들을 비판한다. 그들은 야웨를 찾지 않는 사람들이었던 것이다.

예레미야 10:23-25

본문에는 한 편의 개인 탄원이 포함되어 있는데, 예레미야는 여기에서 부드러운 징계를 구하고 있다(23-24절). 이 탄원은 앞에서 나온 '북방에서 오는 원수'에 대한 신탁들과 좀 더 일반적인 탄원들을 마무리하고 있으며, 뒷부분에는 예레미야가 그의 원수들에 대해 야웨가 보복해 주시기를 구하는 말이 나온다(25절). 본문 25절과 시편 79:6-7이 거의 같다는 사실은 본문이 후에 추가된 부분일 수 있다는 것을 시사해 준다. 두 부분은 주제어들에 의해서 연결된다(밑줄). 첫 번째 부분은 자체의 주제어에 의해 균형이 잡힌 구조이다(진한 글씨). 두 부분은 조화를 이루며 복수를 구하는 내용은 시편의 탄원들에서도 공통된 소재이다. 또한 구간 표시들이 이 탄원의 범위가 23-25절임을 보여준다. 궁켈은 10:23-25를 공동체 탄원들 중 하나로 본다.[46] 바움가르트너는 이 구절들이 공동체 탄원의 성격을 가지고 있다고 보았지만, 이것이 예레미야의 저작인지에 대해서는 의심스러운 점이 있다고 보았다.[47]

23 여호와여 내가 알거니와 사람의 길이 자신에게 있지 아니하니
걸음을 지도함이 걷는 자에게 있지 아니하니이다.

---

46) Gunkel, *Introduction to Psalms*, 82.
47) Baumgartner, *Jeremiah's Poems of Lament*, 89.

24 **여호와여 나를 징계하옵시되** 너그러이 하시고
진노로 하지 마옵소서 주께서 내가 없어지게 하실까 두려워하나이다.

25 주를 알지 못하는
이방 사람들과
주의 이름으로 기도하지 아니하는 족속들에게
주의 분노를 부으소서
그들은 야곱을 씹어
삼켜 멸하고
그의 거처를 황폐하게 하였나이다 하니라.

예레미야는 야웨를 부르는 것으로 탄원을 시작하고 있다. 예레미야의 몇몇 다른 탄원도 야웨를 부르거나 야웨의 이름을 말하는 것으로 시작된다(11:18, 12:1, 14:7, 20, 15:15, 17:13, 18:19, 20:7). 히브리어 본문에서 예레미야는 자기 자신에 대한 징계를 요청하고 있다. 그러나 칠십인역은 '나를 징계하옵시되'를 '우리를 징계하옵시되'(24절)로 바꿈으로써 예레미야의 호소를 나라 전체를 대신하는 호소로 만들었다.

예레미야 11:18-23

여기에서는 운문형식으로 된 개인 탄원(18-20절)의 뒤를 이어 하나님의 응답이 산문 형식으로 나타난다(21-23절). 하나님의 응답이 주어지기 전에 예언자의 원수가 아나돗 사람들이라고 밝혀주는 서론적인 언급이 나온다(21절). 궁켈과 바움가르트너는 이 구절들을 하나님의 응답이 함께 나오는 개인 탄원으로 다루었다.[48] 구간 표시들이 본문의 시작과 끝을 드

---

48) Gunkel, *Introduction to Psalms*, 121; Baumgartner, *Jeremiah's Poems of Lament*, 41-46.

러내 준다. 20절 이하에 구간 표시가 나옴으로써 이 탄원의 범위가 드러난다. 20절 앞에도 구간 표시가 있는데, 이것은 20절이 이전에는 독립된 구절이었음을 말해주는 것일 수도 있다. 이 구절은 약간 변화된 형태로 예레미야 20:12에 다시 한 번 나온다. 21절 이후의 또 다른 구간은 그 다음에 나오는 신탁의 서언을 이룬다. 여기서는 처음과 끝부분에서 '야웨'가 반복된다(진한 글씨).

다음은 예레미야의 탄원이다.

18 **여호와**께서 내게 알게 하셨으므로 내가 그것을 알았나이다
그 때에 주께서 그들의 행위를 내게 보이셨나이다
19 나는 끌려서 도살 당하러 가는 순한 어린 양과 같으므로
그들이 나를 해하려고 꾀하기를

우리가 그 나무와 열매를 함께 박멸하자
그를 살아 있는 자의 땅에서 끊어서
그의 이름이 다시 기억되지 못하게 하자 함을
내가 알지 못하였나이다.

20 공의로 판단하시며
사람의 마음을 감찰하시는 **만군의 여호와**여
나의 원통함을 주께 아뢰었사오니
그들에게 대한 주의 보복을 내가 보리이다 하였더니.

다음은 하나님의 응답이다.

21 여호와께서 아나돗 사람들에 대하여 이와 같이 말씀하시되 그들이 네 생명을 빼앗으려고 찾아 이르기를 너는 여호와의 이름으로 예언하지 말

라 두렵건대 우리 손에 죽을까 하노라 하도다
22 그러므로 만군의 여호와께서 이와 같이 말씀하시니라 보라 내가 그
들을 벌하리니 청년들은 칼에 죽으며 자녀들은 기근에 죽고 23 남는 자
가 없으리라 내가 아나돗 사람에게 재앙을 내리리니 곧 그들을 벌할 해
에니라.

예레미야는 야웨를 직접 부르지는 않지만 야웨의 이름을 언급하면서 이 탄원을 시작하고 있다. 20절에서 예레미야는 야웨를 '만군의 야웨'라고 강조해서 부르고 있다. 예레미야는 자신이 원수들로부터 공격을 받고 있다고 호소하고 있는데, 이것은 시편에 나오는 탄원에서도 공통된 소재이다. 이 탄원에서는 화자가 교차하면서 다음과 같은 구조를 이루고 있다.

I. 예레미야가 가까운 사람에게 말함	18-19a절
II. 예레미야의 원수들이 말함	19bc절
III. 예레미야가 야웨께 말함	20절

여기서 예레미야는 자신의 무죄함을 강변하면서 자신이 도살당하러 끌려가는 순한 양과 같았다고 말한다. 원수들이 그를 죽이려 했지만, 그는 그것을 알지 못했다. 예레미야는 의로써 심판하시며 사람의 숨은 마음과 열정을 분별하시는 야웨를 부르면서 야웨께서 자신의 원수들에게 보복해 주실 것을 요청하고 있다. 야웨는 바로 그런 일을 하시겠다고 응답하신다.

예레미야 12:1-6

개인 탄원(1-3절)과 하나님의 응답(5-6절)이 결합된 본문이다. 하나님의 응답은 메신저 공식으로 되어 있지 않지만 탈굼 역본은 이것이 야웨의 응답이라고 밝혀준다. 4절은 인간의 악과 황폐하게 된 땅을 생각하며

후대에 확장된 것이다. 하나님의 응답 부분에서는 산문으로 된 6절이 시로 된 5절을 확장하는 것처럼 보인다. 궁켈과 바움가르트너는 모두 이 구절들을 시편의 탄원들과 연관된 것으로 보았다.[49] 본문의 탄원은 구간 표시에 의해 시작과 끝이 구분된다. 6절 마지막의 또 다른 구간이 더 큰 단위의 끝을 이룬다. 5절에 나오는 탄원과 하나님의 응답은 내적인 주제어에 의해서 균형이 잡혀 있다(진한 글씨).

다음은 예레미야의 탄원이다.

1 **여호와**여 내가 주와 변론할 때에는
주께서 의로우시니이다
그러나 내가 주께 질문하옵나니
악한 자의 길이 형통하며
반역한 자가 다 평안함은 무슨 까닭이니이까.

2 주께서 그들을 심으시므로 그들이 뿌리가 박히고
장성하여 열매를 맺었거늘
그들의 입은 주께 가까우나
그들의 마음은 머니이다.

3 **여호와여** 주께서 나를 아시고 나를 보시며
내 마음이 주를 향하여 어떠함을 감찰하시오니
양을 잡으려고 끌어냄과 같이 그들을 끌어내시되
죽일 날을 위하여 그들을 구별하옵소서.

---

49) Gunkel, *Introduction to Psalms*, 121; Baumgartner, *Jeremiah's Poems of Lament*, 63–71.

다음은 하나님의 응답이다.

5 만일 네가 보행자와 **함께** 달려도 피곤하면
어찌 능히 **말과** 경주하겠느냐
네가 평안한 땅에서는 무사하려니와
요단 강 물이 넘칠 때에는 **어찌하겠느냐.**

6 네 형제와 아버지의 집이라도 너를 속이며 네 뒤에서 크게 외치나니
그들이 네게 좋은 말을 할지라도 너는 믿지 말지니라.

예레미야는 자신이 제기할 변론에도 불구하고 야웨가 의로우시다는 것을 인정하며 야웨를 부름으로써 본문을 시작한다. 여기서 예레미야는 단순히 불평을 하는 것이 아니라 야웨에게 문제를 제기하고 있다. 심판에 대해서 말하고자 하는 것이 아니라 자신이 심판의 말을 하고 있는 것이다. 그는 '악한 자의 길'을 보면서 마음에 부담을 느끼고 있다. 예레미야 11:18-20에서 그랬던 것처럼 다시금 예언자가 원수들 때문에 문제에 처한 것이다. 예레미야는 자신의 무죄함을 강변하며 원수들에게 보복해 주실 것을 야웨께 구하고 있다. 이번 경우에 야웨의 응답은 크게 보면 무응답이다. 예레미야가 작은 전투에서도 탈진한다면 더 큰 전투에서는 무엇을 할 수 있을 것인가? 분명히 사태는 더 악화될 것이다. 첨가된 6절은 이제 예레미야의 가족, 짐작건대 아나돗에 사는 가족이 그의 원수라고 말하고 있다. 그러나 야웨는 예레미야 11:22-23에서와는 달리 예레미야의 원수들이 보응을 받으리라고 말하지 않고 있다.

예레미야 12:1-3의 탄원은 예레미야 11:18-20의 탄원과 짝을 이루고 있다. 짝을 이루는 시들은 예레미야서의 다른 곳에서도 관찰된다(6:1-7과 6:8-12). 그러나 본문의 두 시들은 주제어들이 핵심 단어로서 겹쳐 나타나면서 더 큰 교차배열법을 이룬다는 점에서 특별한 방법으로 배치되었

다고 할 수 있다.[50] 주제어들은 다음과 같다.

18 여호와께서 내게 알게 하셨으므로 내가 그것을 알았나이다
A 주께서 … 내게 보이셨나이다
19 도살 당하러 가는 … 어린 양과 같으므로
그 … 열매를
B 20 공의로 판단하시며 사람의 마음을 감찰하시는
만군의 여호와여
나의 원통함을 주께…
1 여호와여 내가 주와 변론할 때에는
주께서 의로우시니이다
B' 질문
2 열매
그들의 마음
3 여호와여 주께서 나를 아시고
A' 나를 보시며
양을 잡으려고 끌어냄과 같이

예레미야 14:2-10

오랫동안 이 구절들은 극심한 기근(14:1)의 때에 그에 대한 대응으로 성전 제의에서 쓰인 드라마였을 것으로 생각되어 왔다. 본문에는 예레미야가 화자로 등장하는 탄원(2-6절), 공동체의 죄 고백과 고난을 경감해 달라는 야웨께 대한 청원(7-9절), 그리고 이 청원을 거절하는 신탁(10절)이 나온다. 그 뒤를 잇는 산문 구절들(11-16절)에서 예레미야는 계약의

50) Lundbom, *Jeremiah: A Study in Ancient Hebrew Rhetoric*, 100-101[=1997: 131-133].

중개자로서 인정받지 못하고 거절을 당한다. 궁켈과 바움가르트너는 14:2-6, 7-9를 공동체 탄원으로 보며, 바움가르트너는 10절을 하나님의 응답으로 본다.[51] 궁켈은 공동체 탄원이 미래에 이스라엘이 회개할 것을 예견하면서 쓰였다고 생각했다.[52] 그러나 이 탄원이 실제 가뭄 때에 예레미야나 아니면 다른 제의 인도자에 의해서 낭송되었을 가능성도 있다. 구간 표시들은 탄원과 죄의 고백을 한 단위로 묶어주며, 하나님의 응답을 또 한 단위로 묶어준다. 개인 탄원과 공동체의 고백에는 내부 주제어들이 있어서 전체의 균형을 맞춰주고 있다(진한 글씨).

다음은 예레미야의 탄원이다.

2 **유다**가 슬퍼하며
성문의 무리가 피곤하여
땅 위에서 애통하니
예루살렘의 부르짖음이 위로 오르도다.

3 귀인들은 자기 사환들을 보내어 **물**을 얻으려 하였으나
그들이 우물에 **갔어도**
물을 얻지 못하여
빈 그릇으로 **돌아오니**
그들이 부끄럽고 근심하여
그들의 머리를 가리며
4 땅에 비가 **없어**
지면이 갈라지니

51) Gunkel, *Introduction to Psalms*, 82; Baumgartner, *Jeremiah's Poems of Lament*, 88.
52) Gunkel, *The Psalms: A Form-Critical Introduction*, 14.

밭 가는 자가 **부끄러워서**
그의 머리를 가리는도다
5 들의 암사슴은 새끼를 낳아도
풀이 **없으므로** 내버리며

6 들 나귀들은 벗은 산 위에 서서
승냥이 같이 헐떡이며
풀이 **없으므로**
눈이 흐려지는도다.

다음은 공동체의 고백이다.

7 **여호와여** 우리의 죄악이 우리에게 대하여 증언할지라도
주는 **주의 이름**을 위하여 일하소서
우리의 타락함이 많으니이다
우리가 주께 범죄하였나이다.

8 이스라엘의 소망이시요
고난당한 때의 **구원자**시여
어찌하여 이 땅에서 거류하는 자 같이,
하룻밤을 유숙하는 나그네 **같이 하시나이까**.

9 **어찌하여** 놀란 자 **같으시며**
구원하지 못하는 용사 **같으시니이까**
여호와여 주는 그래도 우리 가운데 계시고
우리는 **주의 이름**으로 일컬음을 받는 자이오니
우리를 버리지 마옵소서.

하나님의 응답은 다음과 같다.

10 여호와께서 이 백성에 대하여 이와 같이 말씀하시되
그들이 어그러진 길을 사랑하여
그들의 발을 멈추지 아니하므로
여호와께서 그들을 받지 아니하고
이제 그들의 죄를 기억하시고
그 죄를 벌하시리라 하시고.

예레미야는 심한 기근으로 인해 탄원을 부르고 있다. 수로에는 물이 없고, 백성들은 수치에 빠져 있으며, 짐승들은 죽어가며 자기 새끼들을 버리고 있다. 백성들이 수치에 빠져 있기 때문에 공동체 탄원이 뒤이어 나온다. 여기에서 공동체는 야웨를 직접 부르고 있으며, 야웨를 '이스라엘의 소망'이요, '고난당한 때의 구원자'라고 부르고 있다. 백성들은 자기 죄를 고백하고 구원해 주시기를 구하며, 야웨의 임재를 계속 허락해 주시기를 요청하고 있다. 그러나 그에 대한 응답에서 야웨는 백성들이 어그러진 길을 사랑하고 있다고 말씀하셨다. 그렇기 때문에 야웨는 구원자로 행동하지 않을 것이며 오히려 백성들의 죄로 인하여 그들을 심판할 것이다.

예레미야 14:17-15:4

본문은 앞에 나왔던 탄원의 후속편이며 예레미야가 지은 탄원(14:17-19a)으로서, 공동체의 죄의 고백과 야웨께 계약을 파기하지 말아 달라는 요청을 담고 있다(14:20-22). 그리고 이에 대한 하나님의 응답을 두 가지 신탁에 담고 있다(15:2b-3). 궁켈은 14:19-22를 공동체 탄원으로 보았으며,[53] 바움가르트너는 14:17-18을 개인 탄원으로, 14:19-15:2를 공동

53) Gunkel, *The Psalms: A Form-Critical Introduction*, 14; *Introduction to*

체 탄원으로 보았다.[54] 예레미야 14:19c의 일부는 예레미야 8:15에서 반복되는데, 아마도 첨가된 부분일 것이다. 후속편의 범위를 정하는 데 도움이 될 만한 장치는 예레미야 14:22 이후에 나와서 공동체의 고백과 하나님의 응답을 구분 짓는 기능을 해주는 구간 표시밖에 없다. 이 후속편의 시작과 끝, 즉 14:17과 15:5에서는 산문이 운문으로 바뀌는데, 이러한 전환이 후속편의 범위를 정하는 데 도움이 된다. 여기에 나오는 하나님의 응답은 계약의 중개자인 예레미야를 거절하는 운문으로 시작하여(15:1-2a) 심판을 확대하고 므낫세 왕이 예루살렘에서 한 일을 꾸짖는 운문으로 끝난다는 점(15:4)에서 이전의 다른 응답과 구분된다. 예레미야 14:11-16에서 계약 중개자로서의 예레미야를 거절하는 장면이 이 후속편의 끝부분에 운문으로 나온다.

다음은 예레미야의 탄원이다.

17 너는 이 말로 그들에게 이르라
내 눈이 밤낮으로
그치지 아니하고 눈물을 흘리리니
이는 처녀 딸 내 백성이
큰 파멸, 중한 상처로 말미암아
망함이라.

18 내가 들에 나간즉
칼에 죽은 자요
내가 성읍에 들어간즉
기근으로 병든 자며

Psalms, 82.

54) Baumgartner, *Jeremiah's Poems of Lament*, 85, 88.

선지자나 제사장이나
알지 못하는 땅으로 두루 다니도다.

19ab 주께서 유다를 온전히 버리시나이까
주의 심령이 시온을 싫어하시나이까
어찌하여 **우리를 치시고**
치료하지 아니하시나이까.

다음은 공동체의 고백이다.

19c 우리가 평강을 바라도 좋은 것이 없고
치료 받기를 기다리나 두려움만 보나이다.

20 **여호와**여 우리의 악과
우리 조상의 죄악을 인정하나이다
우리가 주께 범죄하였나이다.

21 주의 이름을 위하여 우리를 미워하지 마옵소서
주의 영광의 보좌를 욕되게 마옵소서
주께서 우리와 세우신 언약을 기억하시고
폐하지 마옵소서.

22 이방인의 우상 가운데 능히 비를 내리게 할 자가 있나이까
하늘이 능히 소나기를 내릴 수 있으리이까
우리 하나님 **여호와**여 그리하는 자는 주가 아니시니이까
그러므로 우리가 주를 앙망하옵는 것은
주께서 이 모든 것을 만드셨음이니이다 하니라.

다음은 하나님의 응답이다.

2b 여호와께서 이와 같이 말씀하시니라
죽을 자는 죽음으로 나아가고 칼을 받을 자는 칼로 나아가고 기근을 당할 자는 기근으로 나아가고 포로 될 자는 포로 됨으로 나아갈지니라 하셨다 하라.

3 여호와의 말씀이니라 내가 그들을 네 가지로 벌하리니 곧 죽이는 칼과 찢는 개와 삼켜 멸하는 공중의 새와 땅의 짐승으로 할 것이며.

이 탄원에서 예레미야는 성읍과 나라 전체에서 일어난 전쟁과 포위, 기근 때문에 생긴 일들에 대한 자신의 슬픔을 표현하고 있다. 그는 구해 달라고 적어도 직접적으로 요청하지는 않고 있다. 하나님이 허락하신 상처가 고침을 받지 못하는 것으로 보이자 예레미야는 이 탄원의 끝부분에서 야웨가 유다를 완전히 거절하셨는지를 묻고 있다. 예레미야는 상처 입은 그의 백성들을 위해서 울 뿐이다(8:22-9:2 참조). 공동체 탄원은 야웨께 직접 공동체의 죄를 인정하고 고백하고 있다. 그리고는 백성과의 계약을 파기하지 말아 달라고 야웨께 호소하고 있으며, 이어서 야웨가 비를 내리는 분이며 이스라엘의 소망이라고 말하고 있다. 이에 대한 응답을 보면 야웨의 마음은 여전히 움직이지 않고 있다. 백성들은 두 가지 신탁을 받는데, 그 내용은 죽음과 포로 생활 중에서 하나를 택하라는 것이었다.

예레미야 15:10-12

본문은 개인 탄원(10절)인데, 궁켈과 바움가르트너는 여기에 하나님의 응답(11-12절)이 결합된 것으로 취급했다.[55] 시작 부분은 구간 표시에

---

55) Gunkel, *Introduction to Psalms*, 121; Baumgartner, *Jeremiah's Poems of*

의해서 구분된다. 대화는 12절에서 마무리된다.[56] 탄원과 하나님의 응답에는 반복되는 주제어가 등장한다(진한 글씨).

다음은 예레미야의 탄원이다.

10 내게 재앙이로다 나의 어머니여
어머니께서 나를 온 세계에
다투는 자와 싸우는 자를 만날 자로 낳으셨도다
내가 꾸어 주지도 아니하였고
사람이 내게 꾸이지도 아니하였건마는
다 나를 저주하는도다.

다음은 하나님의 응답이다.

11 여호와께서 이르시되
내가 진실로 너를 **강하게 할 것이요**
너에게 **복을 받게 할 것이며** 내가 진실로 네 **원수로 재앙과 환난**의 때에
네게 간구하게 하리라
12 누가 능히 철
곧 북방의 철과 놋을 **꺾으리요.**

이 탄원에서 예레미야는 야웨에게 말하지 않는다. 오히려 그의 어머니("나를 … 낳으셨도다")에게 말을 하고 있는데, 이는 돈호법(사람이나 사물의 이름을 불러 주의를 환기시키는 수사법 – 역자 주)이라고 할 수 있다. "재앙이로다"라는 엄중한 말은 그 자신과 자신의 어머니에게 하는 말이다.

Lament, 71–73.

56) Baumgartner, *Jeremiah's Poems of Lament*, 71.

"내게 재앙이로다"라는 말은 예레미야 10:19의 개인 탄원 처음 부분에 나오는 말이기도 하다. 야웨를 부르고 있지는 않지만 야웨는 듣고 있으며 응답의 말씀을 통해서 예레미야는 야웨가 모든 위협으로부터 보호해 주시는 '철과 같은 예언자'라고 긍정해 주고 있다. 야웨가 예레미야의 고난이 끝날 것이라고 말해주지는 않지만 야웨가 계속해서 그의 예언자를 지켜주고 미래에 구해줄 것이라는 결론은 내릴 수 있다.

예레미야 15:15-21

본문은 하나님의 응답(19-21절)과 함께 나오는 또 하나의 개인 탄원이다(15-18절). 21절은 첨가된 본문일 수도 있다. 탄원과 하나님의 응답은 내적인 주제어로 인해 균형이 잡혀 있으며(진한 글씨), 양자 사이는 핵심 단어들(밑줄)로 연결되어 있다. 궁켈과 바움가르트너는 이 구절들을 하나님의 응답이 포함된 개인 탄원으로 취급한다.[57] 존 브라이트는 본문을 예레미야 15:10-12와 함께 논의했다.[58] A. R. 다이아몬드[59]는 탄원과 하나님의 응답은 다음과 같은 이중적인 유형을 보여주고 있다고 지적한다.

I	주께서 아시오니 아시옵소서	15절
II	주의 말씀들 주의 말씀	16절
III	앉지 아니하며 앉았사오니	17절

57) Gunkel, *Introduction to Psalms*, 121; Baumgartner, *Jeremiah's Poems of Lament*, 46-51.

58) Bright, "A Prophet's Lament and its Answer: Jeremiah 15:10-21," *Int* 28 (1974), 59-74.

59) Diamond, *The Confessions of Jeremiah in Context*, 68.

IV 계속하며 18절
주께서는 … 같으시리이까

I 네가 만일 돌아오면 내가 너를 다시 이끌어 19절
만일 … 그들은 … 돌아오려니와
너는 … 돌아가지 말지니라
II 구하여 건짐이라 20절
내가 너를 … 건지며 21절

다음은 예레미야의 탄원이다.

15 **여호와여 주께서 아시오니**
원하건대 주는 나를 기억하시며 돌보시사
나를 박해하는 자에게 보복하시고
주의 오래 참으심으로 말미암아 나로 멸망하지 아니하게 하옵시며
주를 위하여 내가 부끄러움 당하는 줄을 **아시옵소서**.

16 **만군의 하나님 여호와**시여
나는 주의 이름으로 일컬음을 받는 자라
내가 **주의 말씀**을 얻어 먹었사오니
주의 말씀은 내게 기쁨과
내 마음의 즐거움이오나

17 **내가** 기뻐하는 자의 모임 가운데 **앉지 아니하며** 즐거워하지도 아니하고
주의 손에 붙들려 **홀로 앉았사오니**
이는 주께서 분노로 내게 채우셨음이니이다.

18 나의 고통이 **계속하며**
상처가 중하여
낫지 아니함은 어찌 됨이니이까
주께서는 내게 대하여 물이 말라서
속이는 시내 같으시리이까.

다음은 하나님의 응답이다.

19 여호와께서 이와 같이 말씀하시되
네가 만일 돌아오면 내가 너를 다시 이끌어
내 앞에 세울 것이며
네가 **만일** 헛된 것을 버리고 귀한 것을 말한다면
너는 나의 입이 될 것이라
그들은 네게로 **돌아오려니와**
너는 그들에게로 **돌아가지 말지니라.**

20 내가 너로 이 백성 앞에
견고한 놋 성벽이 되게 하리니
그들이 너를 칠지라도
이기지 못할 것은
내가 너와 함께 하여
너를 **구하여 건짐이라**
여호와의 말씀이니라.

21 **내가 너를** 악한 자의 손에서 **건지며**
무서운 자의 손에서 구원하리라.

본문의 탄원은 예레미야서의 다른 곳(11:20, 12:1, 16:19, 17:14, 18:19, 20:7, 12)에서 그랬던 것처럼 하나님의 이름을 부르는 것으로 시작된다. 여기서 예레미야는 시편에 자주 나오는 단어를 사용하여 야웨에게 자신을 '기억하소서'라고 요청한다(시 25:6-7, 74:2, 18, 22, 89:47, 50). 다시 한 번 원수들로부터 공격을 받게 된 예레미야는 하나님이 속히 건져주시기를 원하고 있다. 만약 야웨가 지체하시면 예레미야는 공격에 희생될 수도 있다. 예레미야는 또한 야웨가 그를 박해하는 자들에게 보복해 주시기를 원하고 있다. 바움가르트너는 시편의 탄원에 나오는 다음 단어들이 본문 18절에도 쓰이고 있음을 관찰한다. (1) '어찌 됨이니이까'(לָמָּה)라는 질문(시 22:1, 42:9, 43:2, 88:14), (2) 마찬가지로 자주 쓰이는 '계속하며/지속되며'(נֶצַח)라는 단어(시 13:2, '어찌하여'와 함께 나온 44:23, '어찌하여'와 함께 나온 74:1, 74:3, 10, 19, 77:8, 79:5), (3) 단 한 번만 나오는(시 39:2) '고통'(כְּאֵב)이라는 단어[60] 등이다. 궁켈과 바움가르트너는 '고통'과 '치료'가 시편에서는 실재적인 의미로 쓰이지만 본문에서와 예레미야 17:14에서는 은유적인 의미로 쓰이고 있다고 보았다.[61] 그러나 예레미야 역시 실재적인 고통에 대해서 말하고 있을 수도 있다.

본문에서 예레미야는 더 나아가 기원전 622년에 성전에서 율법책이 발견되었을 때 자신이 느꼈던 기쁨, 즉 자신이 기쁨에 가득 차서 예언자가 되라는 야웨의 부르심을 받아들였던 때의 일을 회상하고 있다.[62] 예레미야는 낫지 않는 자신이 상처를 호소한 후(시 38:5-8, 42:10 참조) 야웨가 '속이는 시내'와 같다는, 단어 선택에 문제가 있는 표현으로써 탄원을 마친다. 이에 대한 하나님의 응답도 탄원의 강렬함에 뒤지지 않는다. 예레미야는 위로의 말씀을 들은 것이 아니라 돌이켜야만, 다시 말해서 회개

60) Baumgartner, *Jeremiah's Poems of Lament*, 49.

61) Gunkel, *The Psalms: A Form-Critical Introduction*, 28; Baumgartner, *Jeremiah's Poems of Lament*, 91.

62) Lundbom, *Jeremiah 1-20*, 743-744.

해야만 하며, 그렇게 하고 난 다음에야 다시 한 번 야웨 앞에 설 수 있을 것이라는 말씀을 들었다. 예레미야는 자신이 설교해 오던 무가치한 헛된 말들을 버리고 야웨의 귀중한 말씀 전하기를 시작해야 한다. 그럴 때 예레미야는 다시 한 번 야웨의 입이 될 수 있을 것이다. 그렇다면 그가 사명을 받을 때 받았던 약속이 새롭게 될 것이다. 예레미야는 자기의 원수들에 대하여 '놋 성벽'이 될 것이요 원수들에게서 건져냄을 받을 것이다.

예레미야 17:13-18

본문은 하나 혹은 두 편의 시로서 예레미야의 개인 탄원에 속한다. 궁켈과 바움가르트너는 17:12-18을 독립적인 탄원으로 다루고 있다.[63] 18절 이후에 나오는 구간 표시가 탄원이 끝났음을 말해준다. 첫 번째 부분(17:13-16a)의 수사적 구조가 두 번째 부분(17:16b-18)과 구별되는 것으로 보아 두 부분은 따로 지어진 후 합쳐진 것으로 보인다.[64] 8:18-21에 나오는 화자 교차배열법처럼 본문의 탄원은 야웨, 백성, 예레미야의 삼자 대화 구조로 되어 있다. 두 편의 시에서 공히 내적인 주제어의 반복이 나타나고 있으며(진한 글씨), 주제어들이 두 시를 연결하고 있다(밑줄). 두 시는 시편 17편과 유사성이 크다.[65]

예레미야: 13 이스라엘의 소망이신 여호와여
무릇 주를 버리는 자는 다 <u>수치를 당할 것이라</u>.

야웨: 무릇 나를 떠나는 자는 흙에 기록이 되리니

---

63) Gunkel, *Introduction to Psalms*, 121; Baumgartner, *Jeremiah's Poems of Lament*, 51-56.

64) Lundbom, *Jeremiah 1-20*, 794-797.

65) Lawrence Boadt, *Jeremiah 1-25*, OTM, 9(Wilmington, DE: Michael Glazier, 1982).

이는 생수의 근원인 나를 버림이니라.

예레미야: 14 여호와여 주는 나의 찬송이시오니 나를 고치소서
그리하시면 내가 낫겠나이다
나를 구원하소서 그리하시면 내가 구원을 얻으리이다.

백성: 15 보라 그들이 내게 이르기를
여호와의 말씀이 어디 있느냐 이제 임하게 할지어다 하나이다.

예레미야: 16a 나는 목자의 직분에서 물러가지 아니하고 주를 따랐사오며
재앙의 날도 내가 원하지 아니하였음을 주께서 아시는 바라.

16b 내 입술에서 나온 것이
주의 목전에 있나이다.

17 주는 내게 두려움이 되지 마옵소서
재앙의 날에 주는 나의 피난처시니이다.

18 나를 박해하는 자로 치욕을 당하게 하시고 나로 치욕을 당하게 마옵소서
그들은 놀라게 하시고 나는 놀라게 하지 마시옵소서
재앙의 날을 그들에게 임하게 하시며
배나 되는 멸망으로 그들을 멸하소서.

예레미야는 야웨를 이스라엘의 소망이라고 부르면서 대화를 시작하고 있다. 그는 야웨를 버린 자들은 수치를 당하게 될 것이라고 말한다. 다음으로 야웨는 야웨를 떠나간 자들은 '흙에 기록이 될 것'이라고 말씀한다.

중간 부분에서 예레미야는 탄원을 부른다. 예레미야는 다시 병들었으며 치료와 구원을 구하고 있다. 다음 연에는 예레미야의 원수들이 예레미야를 조롱하는 말이 나온다. 그들은 예레미야에게 예언을 실현하라고 요구한다. 물론 그들이 정말로 예언이 성취되기를 바라는 것은 아니고, 단순히 예레미야의 말을 불신할 뿐이다. 이 대화는 예레미야가 자신은 예언자 직분으로 불러 달라고 구한 일도 없고 그가 지금 하는 것처럼 재앙의 날을 선포하기를 원하지도 않는다고 호소하는 데서 끝이 난다.

두 번째 시에서 예레미야는 자신의 무죄함을 야웨께 항변하면서 야웨에게 두려움이 되지 말고 재앙의 날에 피난처가 되어 달라고 요청한다. 그가 원하는 것은 야웨가 자신의 원수들에게 보복하는 것이다. 야웨의 추가적인 응답은 이 탄원에 기록되어 있지 않다.

예레미야 18:19-23

이 탄원에는 하나님의 응답이 포함되어 있지 않다. 궁켈과 바움가르트너는 18:18-23을 구간 표시에 의해 시작과 끝이 구분되는 탄원으로 취급하고 있다.[66] 18절은 예레미야를 해하려는 계획을 밝히는 음모의 말들을 담고 있다. 이 탄원은 시편 35편과 놀랄 정도로 유사한데, 여기에서도 전형적인 시편의 용어들이 사용되고 있다. 주제어들이 반복되면서 교차배열법을 따르고 있다(진한 글씨).[67]

19 **여호와여** 나를 돌아보사
나와 더불어 다투는 그들의 목소리를 들어 보옵소서.

20 어찌 악으로 선을 갚으리이까마는

66) Gunkel, *Introduction to Psalms*, 121; Baumgartner, *Jeremiah's Poems of Lament*, 56–59.
67) Lundbom, *Jeremiah 1-20*, 829.

그들이 나의 생명을 해하려고 구덩이를 **팠나이다**
내가 주의 분노를 그들에게서 돌이키려 하고
주의 앞에 서서
그들을 위하여 유익한 말을 한 것을 기억하옵소서.

21 그러하온즉 그들의 **자녀를** 기근에 내어 주시며
(그들을 칼의 세력에 넘기시며)
그들의 **아내들**은 자녀를 잃고 과부가 되며
그 **장정**은 죽음을 당하며
그 **청년**은 전장에서 칼을 맞게 하시며

22 주께서 군대로 갑자기 그들에게 이르게 하사
그들의 집에서 부르짖음이 들리게 하옵소서
이는 그들이 나를 잡으려고 **구덩이를 팠고**
내 발을 빠뜨리려고 올무를 놓았음이니이다.

23 **여호와**여 그들이 나를 죽이려 하는 계략을
주께서 다 아시오니

그 악을 사하지 마옵시며
그들의 죄를 주의 목전에서 지우지 마시고
그들을 주 앞에 넘어지게 하시되
주께서 노하시는 때에 이같이 그들에게 행하옵소서 하니라.

예레미야는 탄원의 처음과 끝에서 야웨를 부르고 있다. 그는 야웨께서 자신과 자신의 원수들의 말을 들어보고 누가 행악자인지를 판단해 달라고 요청하고 있다. 예레미야는 자신이 원수에 대해서도 나쁘게 말하지

않고 유익하게 말했다고 하면서 자신의 무죄함을 강변하고 있다. 예레미야는 심지어 그들을 위해 중재에 나서기도 했다. 그러나 그들은 예레미야의 목숨을 빼앗기 위해 구덩이를 파는 것으로 예레미야의 호의를 갚았다(20, 22절. 시 35:7 참조). 중간 부분에서 예레미야는 원수들 그리고 원수들과 관련된 자들(21절)을 저주하며, 마지막 부분에서는 이 원수들의 악을 용서하지 말아 달라고 요청하고 있다. 예레미야는 야웨께 그들을 넘어지게 해달라고 요청하고 있다.

예레미야 20:7-13

본문에서는 개인 탄원(7-19절)의 뒤를 이어 확신과 감사의 찬송이 나오고 있다(11-13절). 본문에서는 예레미야 자신이 위기가 지나간 후 자신의 탄원에 대해 응답을 하고 있다. 궁켈과 바움가르트너는 7-9절은 탄원들과 긴밀히 연결된 하나의 시로, 그리고 10-13절을 비로소 실제 탄원으로 취급한다.[68] 그러나 나는 7-10절이야말로 주제어에 의해 수미상관을 이루는 탄원(진한 글씨)이라고 보는 것이 옳다고 생각한다.[69] 균형을 맞추는 역할을 하는 다른 주제어들도 쓰이고 있다(진한 글씨). 궁켈은 시편에 나오는 탄원들에서 자주 발견되는 들으심의 확실성이라는 주제를 본문 11-13절에서 찾아내었다.[70] 시편에는 6편, 13편, 22편, 28편, 30편, 35편 등 불평에서 확신으로 나아가는 내적인 움직임을 묘사하는 시가 많다. 본문의 탄원은 시편 31편과 상당한 유사성을 가지고 있는데, 예컨대 10절은 시편 31:13과 매우 유사하다. 그러나 본문은 핵심 단어들(밑줄)을 통해서 두 편의 시가 연결된 구조인 것으로 보인다.[71] 구간 표시들을 보면 7-12

---

68) Gunkel, *Introduction to Psalms*, 121; Baumgartner, *Jeremiah's Poems of Lament*, 59-62, 73-76.

69) Lundbom, *Jeremiah 1-20*, 853.

70) Gunkel, *Introduction to Psalms*, 181.

71) Lundbom, *Jeremiah 1-20*, 852-853.

절이 하나의 단위임을 알게 된다. 13절은 별도이며 어쩌면 후에 첨가된 것일 수도 있다. 12절 역시 예레미야 11:20에 복제된 것으로 보아 첨가된 것일 수 있다.

다음은 예레미야의 탄원이다.

7 **여호와여 주께서 나를 권유하시므로 내가 그 권유를 받았사오며**
주께서 나보다 강하사 이기셨으므로
내가 조롱 거리가 **되니** 사람마다 **종일토록**
나를 조롱하나이다.

8 내가 말할 때마다 외치며
파멸과 멸망을 선포하므로
여호와의 말씀으로 말미암아
내가 종일토록 치욕과 모욕 거리가 **됨이니이다.**

9 내가 다시는 여호와를 선포하지 아니하며
그의 이름으로 말하지 아니하리라 하면
나의 마음이 불붙는 것 같아서
골수에 사무치니
답답하여
견딜 수 없나이다.

10 나는 무리의 비방과
사방이 두려워함을 들었나이다
그들이 이르기를 고소하라 우리도 고소하리라 하오며
내 친한 벗도 다 내가 실족하기를 기다리며
그가 혹시 유혹을 받게 되면 우리가 그를 이기어

우리 원수를 갚자 하나이다.

다음은 확신의 찬송이다.

11 그러하오나 여호와는 두려운 용사 같으시며 나와 함께 하시므로
나를 박해하는 자들이 넘어지고 이기지 못할 것이오며
그들은 지혜롭게 행하지 못하므로 큰 치욕을 당하오리니
그 치욕은 길이 잊지 못할 것이니이다.

12 의인을 시험하사
그 폐부와 심장을 보시는 만군의 여호와여
나의 사정을 주께 아뢰었사온즉
주께서 그들에게 보복하심을 나에게 보게 하옵소서.

13 여호와께 노래하라
너희는 여호와를 찬양하라
가난한 자의 생명을 행악자의 손에서
구원하셨음이니라.

이 탄원의 시작 부분에서 예레미야는 야웨가 자신의 어린 나이를 이용해서 복종을 강요했다고 생각하면서 자신을 예언자로 부르신 야웨에게 직접 불평을 하고 있다. 그리고 예레미야는 원수들이 자신을 비난하고 조롱한 것을 인용하면서 자신이 온종일 조롱거리가 되었다고 말한다. 그는 침묵하려고도 해보았지만 그러면 감당할 수 없는 불이 그의 골수에서 타올라서 침묵할 수도 없었다. 탄원의 끝부분에서 예레미야는 소위 친구인 양하는 원수들이 자신을 조롱하는 것에 대해서 더 불평을 하고 있다. 여기에는 건져 달라는 호소는 없지만 뒤이어 나오는 찬송에서 예레미야는

하나님의 건져주심을 확신하고 있다. 예레미야는 또한 그의 원수들이 성공하지 못하리라는 것도 확신하고 있다. 그러나 이에 더하여 12절에서 예레미야는 원수들에게 보복해 달라고 야웨에게 요청한다. 13절에서는 구원이 실현되었다. 예레미야는 여기에서 자신을 '가난한' 영혼이라고 부르는데, 궁켈은 시편 기자가 자주 자신을 이렇게 불렀음을 지적한다.[72] 시편 기자들은 자주 자신들을 가난하고, 고난당하며, 낮아지고, 잠잠히 믿음을 지키는 사람으로 묘사했다. 본문의 마지막 절에 나오는 '야웨께 노래하라'라는 표현은 시편 96:1-2, 98:1, 149:1의 시작 부분에 나온다. 그 뒤를 잇는 '야웨를 찬양하라'는 표현 역시 시편의 시작 부분에서 흔히 쓰인다(시 105[재구성할 경우], 106, 111, 112, 113, 117, 135, 146-150편).

예레미야 20:14-18, 1:5

예레미야의 앞부분(1-20장)을 마무리하면서 나오는 탄원(20:14-18)은 예레미야서 전체에서 가장 감동적인 시로서, 내용과 수사적 구조, 처음과 끝부분의 구간 표시들에 의해 그 범위가 구분된다. 이 탄원 자체에는 하나님의 응답이 나오지 않는다. 이에 대해 폰 라트는 "예언자가 말을 거는 그 하나님이 더는 예언자에게 대답하지 않으신다"라고 말했다.[73] 그러나 예레미야서 전반부(1-20장)를 전체적으로 보면 예레미야 1:5에서 응답이 주어졌다고 할 수 있다. 주제어로 수미상관을 이루는 구조가 바로 이러한 연결을 가능케 한다(밑줄).

현재 구성으로서는 그날에 대한 저주에는 내용이 없고 16절에 나오는 그 남자에 대한 저주가 비율에 어긋나게 많은 내용을 담고 있으므로 17절 시작 부분에서 이 탄원을 재구성할 필요가 있다.[74] 이 탄원을 재구

---

72) Gunkel, *The Psalms: A Form-Critical Introduction*, 33-34.

73) Von Rad, *Old Testament Theology*, II, 204.

74) Lundbom, "The Double Curse in Jeremiah 20:14-18," *JBL* 104(1985), 589-600.

성해 보면 날/남자/남자/날의 교차배열법이 발견되는 등 주제어의 균형이 괄목할 만하다(진한 글씨). 궁켈과 바움가르트너는 20:14-18을 탄원들과 관련된 시로 취급하고 있다.[75] 바움가르트너는 이 시가 야웨를 향해 지어진 것은 아니라고 생각했으며 따라서 엄밀한 의미에서 탄원은 아니라고 보았다. 그러나 나는 18절은 예레미야가 야웨에게 하는 말이라고 보며 전체적으로 예레미야의 탄원으로 보는 것이 옳다고 생각한다.[76]

다음은 예레미야의 탄원이다.

14 **내 생일이**
저주를 받았더면,
나의 어머니가 나를 낳던 날이
복이 없었더면,

15 **나의 아버지**에게 소식을 전하여 이르기를
당신이 **득남하였다** 하여
아버지를 즐겁게 하던 자가
저주를 받았더면,

16 **그 사람은** 여호와께서 무너뜨리시고 후회하지 아니하신
성읍 같이 되었더면,
그가 **아침에는 부르짖는 소리,**
낮에는 떠드는 소리를 듣게 하였더면, 좋을 뻔하였나니

17 **이는** 그가 나를 **태에서**

---

75) Gunkel, *Introduction to Psalms*, 121; Baumgartner, *Jeremiah's Poems of Lament*, 76-78.

76) Lundbom, *Jeremiah 1-20*, 865.

죽이지 아니하셨으며
나의 어머니를 내 무덤이 되지 않게 하셨으며
그의 **배가 부른 채로** 항상 있지 않게 하신 **까닭이로다**.

18 어찌하여 내가 태에서 나와서
고생과 슬픔을 보며
나의 날을 부끄러움으로 보내는고 하니라.

다음은 하나님의 응답이다.

1:5 내가 너를 모태에 짓기 전에 너를 알았고
네가 배에서 나오기 전에 너를 성별하였고
너를 여러 나라의 선지자로 세웠노라.

이 탄원에서 예레미야는 자신이 태어난 날과 출생의 기쁜 소식을 아버지에게 전한 사람을 저주하고 있다. 어머니와 아버지도 저주의 선언에 완곡하게 포함되어 있지만 실제 저주를 받지는 않고 있다. 예레미야는 부모가 저주를 받을 수 없음을 알고 있다. 예레미야의 아버지의 그 불행한 친구는 야웨께서 분노 가운데 무너뜨리신 유명한 소돔과 고모라에 비견되고 있다. 그러나 그는 여기서 죽지 않을 것이다. 그는 인간의 부르짖는 소리와 전쟁을 경고하는 소리를 밤낮으로 듣는 심판을 받는다. 이 심판은 죽음과 마찬가지인 심판이고 어쩌면 죽음보다 더 괴로운 심판일 수 있다. 17절은 예레미야의 출생일을 재구성하면서 그날을 사람들이 더는 기억하지 않는 다른 불길한 날과 비교한다. 이런 비교를 하는 이유는 야웨가 태에 있는 예레미야를 죽이지 않으셨기 때문이다. 예레미야는 탄원의 결말을 지으면서 야웨에게 왜 그가 태어나서 고생과 슬픔을 보아야 하며 자기 날들을 부끄러움으로 보내야 하는지를 묻는다.

예레미야서 전반부를 모은 서기관이 예레미야 20:18을 예레미야 소명 기사를 전하는 예레미야 1:5의 한 단어와 연결시키자 비로소 예언자의 비통한 질문에 대한 대답이 주어진다. 대답은, 예레미야가 태에서 나온 것은 야웨께서 그가 나오기 오래 전에 그를 부르셨기 때문이라는 것이다.

8장

예레미야와 이방 국가들

국제적 인물이었던 이스라엘의 예언자들

히브리 예언자들은 기원전 9세기에 국제적인 인물로 활동했다. 그 당시 야웨는 엘리야에게 하사엘을 시리아의 왕으로 지명하라는 임무를 주셨다(왕상 19:15). 엘리야의 뒤를 이어 이스라엘의 예언자로 부르심을 받은 엘리사는 시리아의 하사엘에게 벤하닷의 뒤를 이어 왕위에 오를 것이라고 전하기 위해서 다마스커스를 향해 여행한다. 엘리사는 하사엘이 이스라엘에게 고통을 주는 적이 될 것이라고 예언했다. 우리는 이러한 사건들을 통해서 이스라엘의 예언자들이 국제 사건에 깊이 관련되어 있었음을 알 수 있다.

기원전 8세기부터 6세기까지, 호세아를 제외한 모든 예언자는 이방 국가들에 대한 예언을 했다. 어떤 경우는 수많은 이방 국가에 대한 신탁들을 유산으로 남겨 놓았다(암 1:3-2:3; 사 13-24장; 습 2장; 렘 46-51장[마소라 본문]; 겔 25-32장). 그리고 야웨의 말씀을 듣지 않기 위해서 도망을 갔다가 결국에는 니느웨에 가서 하나님의 심판 메시지를 전한 요나의 이야기도 전해지고 있다.

이방 국가들을 향한 예언자 예레미야

예레미야는 이방 국가들에 대한 예언자로 지명받았고(렘 1:5, 10), 예레미야서에는 아홉 개의 이방 국가에 대한 신탁 수집물이 있다(마소라 본문 렘 46-51장, 칠십인역 25:14-31:47). 이에 더하여, 예레미야 25장에는 모든 나라에게 부어지는 진노의 술잔에 대한 환상과 예언이 기록되어 있다(렘 25:15-19). 이 잔치에 초대된 모든 이방 국가는 진노의 술잔을 마시고 비틀거리며 미친 듯이 행동하는데, 이는 야웨가 그들에게 칼을 보냈기 때문이다. 예레미야가 이방 국가 신탁들을 전하는 예언자로 야웨의 부름을 받았다는 증거는 예레미야서의 곳곳에 기록되어 있다. 예레미야 1:5와 10절에 나오는 '여러 나라'는 유다를 포함한 모든 나라를 의미한다(렘 9:25-26, 10:25, 16:19-20, 18:7-10, 25, 28:8, 36:2, 51:20 참조). 바빌론에 관해서는 예레미야가 두루마리 한 개를 기록했다고 전해진다(렘 51:60).

야웨, 모든 이방 국가의 하나님

이방 국가에 대한 야웨의 심판이 자동적으로 유다의 구원을 의미하는 것은 아니며, 더욱이 거짓 예언의 핵심이라 할 수 있는 편협한 국수주의를 반영하지도 않는다. 그러나 장기적으로는 이방 국가들에 대한 신탁들은 이미 심판을 받은 이스라엘 백성에게는 구원을 의미한다(신 32:34-42). 단기적으로 야웨의 심판은 모두에게 임하여 아모스 1:2-2:16에서처럼 모든 국가를 휩쓸어버린다. 아모스에 따르면, 만약 야웨가 계약을 맺지 않은 나라들을 심판하신다면, 심판은 가장 먼저 계약 백성에게 임할 것이다. 예레미야 설교가 그렇듯이, 국가들에 대한 논쟁이 방향을 튼다. 예레미야는 하나님의 심판이 예루살렘과 유다에게 먼저 내리고 그 다음으로는 이방 국가들에게 내릴 것이라고 전했다(렘 25:15-29). 예레미야의 신학은 정치적 관점으로 평가절하될 수 없다. 예를 들어서 예레미야가 느부갓네살에게 유리한 설교를 했다고 해서 그를 친-바빌론주의자로 볼 수는 없다. 예레미야는 야웨의 마지막 날에 하나님의 심판이 모든 국가에 내릴 것을 알고 있었다.

예레미야서는 유다 백성들에게 바알 앞에 맹세하도록 가르쳤던 국가들이 이후에 하나님의 도를 배우게 될 것이고, 그렇게 됨으로써 국가들도 회복된 이스라엘 가운데서 세워질 것이라는 관점을 표현한다(렘 12:14-17). 이 보편성의 씨앗이 제2이사야와 다른 성서 본문에서 더 발전하게 되었다.

예레미야의 이방 국가들에 대한 신탁의 저작성

이방 국가들에 대한 예레미야서의 신탁들이 실제로 예레미야의 것인지에 대하여 심도 깊은 토론이 지속되고 있다. 이 신탁들은 대부분 시의 형태로 기록되었는데, 그 질적인 수준과 양식에 대해서 다양한 의견이 대두된다. 브라이트는 의심할 여지 없이 예레미야의 것으로 보이는 이스라엘을 향한 신탁과 마찬가지로 이방 국가들에 대한 신탁들 역시 생동적이며 질적 수준이 높다고 언급한 바 있다.[1] 열방 신탁들에도 예레미야 특유의 문구들, 예컨대 '두려움이 그들의 사방에 있다'(렘 46:5, 49:29; 참조. 렘 6:25, 20:10), '패역한 딸'(렘 49:4; 참조. 렘 31:22), '해산하는 여인 같이'(렘 49:24, 50:43; 참조. 렘 6:24, 22:23, 30:6), '승냥이의 거처'(렘 49:33, 51:37; 참조. 렘 9:11, 10:22) 등이 사용되고 있다. 수사학적 구조를 살펴보았을 때, 예레미야 51:20-23과 51:34-45에 나오는 신탁들은

---

1) Bright, *Jeremiah*, 307-308.

예레미야가 유다와 이스라엘을 향해 선포한 가장 수준 높은 신탁들과 비교될 만한 수준이다. 어떤 경우에는 '시온의 딸'을 위해서 쓴 신탁(렘 6:22-24)이 '바벨론의 딸'에게 주는 메시지(렘 50:41-43)로 채택되기도 했다.

그럼에도 몇몇 신탁은 저자가 누구인지 알 수 없거나 다른 예언자로부터 유래한 것으로 보인다. 에돔에 관한 신탁(렘 49:7-16)은 오바댜(1-5절 참조)에서 온 것으로 보이며, 모압에 관한 신탁(렘 48:33-39)은 이사야 15-16장의 영향을 받은 것 같다. 또 다른 유사성을 보여주는 본문들은 예레미야 48:43-44(사 24:17-18 참조), 예레미야 49:27(암 1:4, 14 참조), 예레미야 49:31(겔 38:11 참조), 예레미야 50:16b(사 13:14b 참조) 등이다. 어떤 경우는 하나의 신탁이 다른 두 나라, 즉 에돔과 바벨론에 대해 사용되기도 했다(렘 49:19-21, 50:44-46). 바벨론에 관한 신탁들이라는 표제는 예레미야 저작이라고 보는 전통 자체가 후대의 것이며, 사실 의심스러운 것임을 시사한다. 칠십인역 예레미야 27:1에는 예레미야에 대한 언급이 나타나지 않지만, 히브리 성서 예레미야 50:1은 '예언자 예레미야를 통해서' 전해진 말이라고 기록되어 있다. 전체적으로 열방 신탁들을 예레미야의 저작으로 보는 것은 설득력이 있지만 그중 일부는 예레미야의 말이 아닌 부분도 있다.

예레미야의 이방 국가들의 신탁에 대한 익명의 저자설과 후대 저작설은 18세기 후반에서 19세기에 독일의 문서비평으로부터 시작되었는데, J. G. 아이히혼과 빌헬름 M. 드 베테는 이미 본문의 몇몇 구간에 대해 예레미야 저작성을 부인한 바 있다.[2] 칼 부데는 슈발리와 함께 바벨론에 관한 신탁이 예레미야의 저작임을 부인했다가, 10년 후에는 이방 국가 신탁 전체에 관한 예레미야의 저작성을 부인하였다. 슈발리의 급진적인 평가[3]는 베른하르트 둠과 파울 볼츠의 주석들에 반영되었으며, 로버트 캐

---

2) 이에 대한 논의는 Lundbom, *Jeremiah 37-52*, 182-183 참조.

롤과 윌리엄 맥케인의 최근 주석들에서도 거의 변함없이 주장된다. 그러나 실상 이방 국가 신탁에서도 적어도 몇 편은 예레미야의 저작이라고 주장하는 학자가 초기부터 많이 있었고(F. 히치히, 칼 H. 그라프, F. 기제브레히트, 칼 H. 코닐, A. S. 피크), 이후에는 더 많은 학자들이 예레미야 저작설을 주장해 왔다. 예를 들어 지그문트 모빙켈[4]은 예레미야 25장, 27장, 43장을 볼 때 예레미야는 국가들의 미래가 유다와 연관될 때 국가들에 대해서 관심을 기울였다고 생각했다. 그는 또한 이집트에 대한 신탁들(렘 46장)과 어쩌면 블레셋에 대한 신탁(렘 47장)까지도 예레미야의 저작으로 보았다. 이후에 학자들은 예레미야 46-49장에 나오는 신탁들을 예레미야의 저작이라고 주장했고, 50-51장에 대해서는 예레미야 저작설을 부인해 왔다. 브레바드 차일즈는 예레미야 46-49장은 예레미야 4-6장의 어휘와 모티브들을 노골적으로 이용한 점이 특징이라고 지적했다.[5] 윌리엄 할러데이는 바빌론 신탁들 중에서 82절 정도의 분량을 예레미야의 저작이라고 돌리면서 이 문제를 거의 원점으로 되돌려놓았다.[6] 또한 움베르토 카수토는 단순히 예레미야 46-51장에 대한 자신의 해석에 상응하기 위해 예레미야 25장의 이방 국가 신탁들 전체의 저작권을 부정한 슈발리를 예리하게 비판한 바 있다.[7]

---

3) Friedrich Schwally, "Die Reden des Buches Jeremia gegen die Heiden. XXV. XLVI–LI," *ZAW* 8(1888), 177–217.

4) Mowinkel, *Zur Komposition des Buches Jeremia*, 65–66.

5) Brevard Childs, "The Enemy from the North and the Chaos Tradition," *JBL* 78(1959), 194–195.

6) Holladay, *Jeremiah*, II, 401.

7) Umberto Cassuto, "The Prophecies of Jeremiah concerning the Gentiles," in Cassuto, *Biblical and Oriental Studies*, I, trans. Israel Abrahams(Jerusalem: Magnes Press, 1973), 178–226.

이방 국가들에 대한 신탁과 거룩한 전쟁

양식비평이 도입되면서 학문적 관점에 변화가 생겼다. 초기 이스라엘의 예언과 다른 고대 근동의 예언들 가운데 적국에 대한 신탁들이 있음을 알게 되었다. 이는 아모스로부터 시작되어 예레미야와 에스겔로 이어지는 이방 국가 신탁을 좀 더 넓은 맥락에서 이해해야 함을 의미했다. J. H. 헤이즈는 이방 국가 신탁이 전쟁 상황에서 유래한 것이라고 지적했는데,[8] 이러한 사실은 야웨가 유다에 대해서 그러했던 것처럼(렘 6:4, 22:7) 이방 국가들에 대해 거룩한 전쟁을 수행하시는 것으로 비쳐지는 예레미야 본문을 볼 때 명백하게 드러난다(렘 51:27-28; 참조. 사 13:3).

이방 국가들에 대한 전쟁 신탁들은 사무엘서에서도 찾아볼 수 있다(삼상 15:2-3). 예언자들과 '하나님의 사람들'은 아합에게 예언을 했다(왕상 20:13-14, 28). 야웨의 예언자들은 아합, 여호사밧(왕상 22장), 엘리사(왕하 3:16-19 등)에게 예언했다. 이후에 열방 신탁은 아모스, 이사야, 스바냐, 예레미야, 에스겔 등 여러 유명한 예언자들을 통해서 기록되었다. 주변 민족들 중에서 기원전 2000년대에 이방 국가 신탁을 말한 예언자 유형의 인물로는 브올의 아들 발람(민 23-24장), 마리 문서들을 통해 알게 된 예언자들,[9] 그리고 이집트의 저주 문서들에 나오는 예언자들[10] 등을 들 수 있다. 아시리아의 에살핫돈도 예언 신탁을 듣고 적들과의 전쟁에 나섰는데,[11] 이런 것은 열왕기상 22장에서 아합과 여호사밧이 전쟁을 앞

---

8) J. H. Hayes, "The Usage of Oracles against Foreign Nations in Ancient Israel," *JBL* 87(1968), 81-82.

9) *ANET*^{3}, 629-630; A. Malamat, "Prophetic Revelations in New Documents from Mari and the Bible," in *Volume du Congrès, Genève, 1965*, VTSup, 15 (Leiden: E. J. Brill, 1966), 214-219.

10) A. Bentzen, "The Ritual Background of Amos I 2-ii 16," *OTS* 8(1950), 85-99.

11) *ANET*^{3}, 605.

두고 신탁을 청하는 장면과 비교해볼 만하다.

예레미야의 이방 국가들에 대한 신탁에 나타난 수사학

예레미야서의 이방 국가들에 대한 시의 수준이 특별히 탁월하다고 종종 언급되지만, 동시에 지성과 감성을 휘저을 만큼의 위대한 사상을 담지 못한다는 점에서 전형적이라는 주장[12]도 제기된다. 나의 견해는 이 시들이 생생하고 풍부한 심상을 사용하고 역설로 가득하지만, 예레미야서에 기록된 다른 시들보다 더 판에 박힌 시라고 보기는 어렵다는 것이다. 이방 국가 신탁들은 반복법을 효과적으로 사용하고 있으며, 유다에 관한 신탁에서 사용된 것과 같은 수사학적 구조들도 많이 활용한다. 또한 유다에 관한 신탁에서 사용된 어휘나 문체도 많다. 일부 학자들은 이것들이 예레미야의 것이 아니라면 모방자들이 지었을 것이라는 비효율적인 이론을 받아들였다. 시에 담긴 위대한 사상이 있느냐 하는 문제에 대해서 이방 국가 신탁들은 유다 신탁들에 나타난 구체성이 결여되어 있다. 예컨대 악행에 대한 치밀한 논증, 회개 요구, 죄, 범죄, 국가적 고통에 관한 개인적인 관련성은 언급되지 않는다. 그럴 수밖에 없지 않겠는가? 예레미야 1-20장에 기록된 것과 같이, 이방 국가 신탁들에서는 거짓 예언자들에 대한 논쟁도, 개인적인 원수들로부터의 도주나 성전과 국가 관리들과의 투쟁도 나타나지 않는다. 이것은 예언자가 자기 나라를 아는 것만큼 다른 나라들에 대해서는 알지 못했기 때문에 생겨난 차이이다.

---

12) K. Budde, "Ueber die Capitel 50 und 51 des Buches Jeremia," *JDT* 23(1878), 458-459.

사악함, 교만, 우상 숭배 때문에 심판을 받은 나라들

이스라엘은 하나님과의 계약을 지키지 않아서 심판을 받았다. 그러나 이방 국가들은 하나님과 계약을 맺지 않았기 때문에 다른 이유로 인해 징벌을 받았다. 아모스에서 이방 국가들은 심각한 비인도적 행위 때문에 하나님의 심판을 받는다. 그러나 예레미야에서 이방 국가들은 명시되지 않은 악(렘 25:31), 교만(렘 50:31-32), 그리고 우상 숭배(렘 50:38, 51:47, 52)로 인해 하나님의 진노를 불러일으켰다. 교만은 고대 근동 종교에서 공통적으로 발견되는 주제이다.[13]

예레미야의 것이 아닐 수도 있는 구절들에서, 바빌론은 야웨께 '범죄'했으며(렘 50:14), '죄과가 땅에 가득'하다고(렘 51:5) 묘사된다. 이 범죄와 죄과란 위에서 언급한 잘못된 행위들을 가리킬 것이다. 또한 바빌론을 향한 야웨의 복수는 바빌론의 성전 파괴를 되갚아 주는 것이라고 규정된다(렘 50:28, 51:11b).

예레미야는 이방 국가들에 대한 심판이 끝난 뒤에는 야웨가 바빌론을 제외한 이방 국가들에게 동정심과 호의를 계속 가지실 것이라고 말한다. 그때에 열국의 백성들이 다시 거하게 될 것이며(렘 46:26), 그들의 삶은 회복될 것이다(렘 48:47, 49:6, 39).

13) Barton, "History and Rhetoric in the Prophets," 56.

참고문헌

Albright, W. F. *From the Stone Age to Christianity.* Baltimore: The Johns Hopkins Press, 1940.

______. "Some Remarks on the Song of Moses in Deuteronomy xxxii," *VT* 9(1959), 339–346.

Andersen, Francis I., and David Noel Freedman. *Hosea.* AB, 24. Garden City, NY: Doubleday, 1980.

Anderson, Bernhard W.(ed.). *Creation in the Old Testament.* Philadelphia: Fortress Press, 1984.

Aristotle. *Prior Analytics*, I–II. trans. Hugh Tredennick. LCL. Cambridge, MA: Harvard University Press, 1962.

______. *Topics.* trans. E. S. Forster. LCL. Cambridge, MA: Harvard University Press, 1966.

______. *The 'Art' of Rhetoric.* trans. John Henry Freese. LCL. Cambridge, MA: Harvard University Press, 1967.

Avigad, N. "Baruch the Scribe and Jerahmeel the King's Son," *IEJ 28*(1978), 52–56[Reprinted in *BA* 42(1979), 114–118].

______. "The Seal of Seraiah(Son of) Neriah"[Hebrew with English summary], in Menahem Haran(ed.). *H. L. Ginsberg Volume*. Eretz-Israel, 14. Jerusalem: Israel Exploration Society, 1978, 86-87, 125.

______. *Corpus of West Semitic Stamp Seals*. Revised and completed by Benjamin Sass. Jerusalem: Israel Academy of Sciences and Humanities, 1997.

Baillet, M., et al.(eds.). *Les 'Petites Grottes' de Qumrân*, I-II. DJD, 3. Oxford: Clarendon Press, 1962.

Barton, John. "History and Rhetoric in the Prophets." in Martin Warner(ed.). *The Bible as Rhetoric*. London and New York: Routledge, 1990, 51-64.

Baumgartner, Walter. *Jeremiah's Poems of Lament*. trans. David E. Orton. Sheffield: Almond Press, 1988.

Bentzen, A. "The Ritual Background of Amos i 2-ii 16," *OTS* 8(1950), 85-99.

Boadt, Lawrence. *Jeremiah 1-25*. OTM, 9. Wilmington, DE: Michael Glazier, 1982.

Bright John. *Jeremiah*. AB, 21. Garden City, NY: Doubleday, 1965.

______. "Jeremiah's Complaints: Liturgy, or Expressions of Personal Distress?." in John I. Durham and J. R. Porter(eds.). *Proclamation and Presence: Old Testament Essays in Honour of Gwynne Henton Davies*. Richmond: John Knox Press, 1970, 189-214.

______. "A Prophet's Lament and its Answer: Jeremiah 15:10-21," *Int 28* (1974), 59-74.

Buber, Martin. *Good and Evil*. New York: Charles Scribner's Sons, 1953.

Budde, Karl. "Ueber die Capitel 50 und 51 des Buches Jeremia," *JDT* 23 (1878), 529-562.

______. "Das hebräische Klagelied," *ZAW* 2(1882), 1-52.

Carroll, Robert P. *The Book of Jeremiah*. OTL. Philadelphia: Westminster Press, 1986.

Cassuto, Umberto. "The Prophecies of Jeremiah concerning the Gentiles." in U. Cassuto. *Biblical and Oriental Studies*, I. trans. Israel Abrahams. Magnes Press, 1973, 178–226.

Cheyne, T. K. *Jeremiah*, I. PC. London: Kegan, Paul, Trench & Co., 1883.

Childs, Brevard. "The Enemy from the North and the Chaos Tradition," *JBL* 78(1959), 187–198.

Conley, Thomas M. "The Enthymeme in Perspective," *QJS* 70(1984), 168–187.

Cornill, Carl Heinrich. *The Book of the Prophet Jeremiah, Critical Edition of the Hebrew Text*. trans. C. Johnston. Leipzig: J. C. Hinrichs'sche Buchhandlung, 1895.

______. *Das Buch Jeremia*. Leipzig: Chr. Herm. Tauchnitz, 1905.

Cross, Frank M. *The Ancient Library of Qumran*. 3rd edn. Sheffield: Sheffield Academic Press, 1995; originally 1958.

______. "The History of the Biblical Text in the Light of Discoveries in the Judean Desert," *HTR* 57(1964), 281–299.

______. "The Evolution of a Theory of Local Texts." in Frank M. Cross and Shemaryahu Talmon(eds.). *Qumran and the History of the Biblical Text*. Cambridge, MA: Harvard University Press, 1975, 306–320.

Dahood, Mitchell. *Psalms I: 1–50*. AB, 16. Garden City, NY: Doubleday, 1966.

______. *Psalms II: 51–100*. AB, 17. Garden City, NY: Doubleday, 1968.

______. *Psalms III: 101–150*. AB, 17A. Garden City, NY: Doubleday, 1970.

Daube, David. *The Exodus Pattern in the Bible*. London: Faber & Faber, 1963.

Diamond, A. R. *The Confessions of Jeremiah in Context*. JSOTSup, 45. Sheffield: JSOT Press, 1987.

Driver, S. R. "The Double Textof Jeremiah," *The Expositor* 3rd Series 9(1889),

321–337.

Duhm, Bernhard. *Das Buck Jeremia.* KHC. Tübingen and Leipzig: J. C. B. Mohr[Paul Siebeck], 1901.

Eichhorn, Johann Gottfried. *Einleitung ins Alte Testament,* III. Reutlingen: Johannes Grözinger, 1790.

Eichrodt, Walther. *Theology of the Old Testament,* I. London: SCM Press, 1961.

______. "In the Beginning." in Bernhard W. Anderson and Walter Harrelson (eds.). *Israel's Prophetic Heritage: Essays in Honor of James Muilenburg.* New York: Harper & Bros., 1962, 1–10[=Anderson(ed.). *Creation in the Old Testament,* 65–73].

Freedman, David Noel. "Divine Commitment and Human Obligation," *Int* 18(1964), 419–431.

Fretheim, Terence. *God and World in the Old Testament.* Nashville: Abingdon Press, 2005.

Giesebrecht Friedrich. *Das Buch Jeremia.* HKAT. Göttingen: Vandenhoeck & Ruprecht, 1894.

Graf, Karl Heinrich. *Das Buck Jeremia.* Leipzig: T. O. Weigel, 1862.

Grätz, Heinrich. "Gedalja Sohn Achikam's Dauer seiner Statthalterschaft und Datum seines gewaltsamen Todes," *Monatschrift für Geschichte und Wissenschaft des Judenthums* 19, 1870, 268–275.

______. *Geschichte der Israeliten,* II. Leipzig: Oskar Leiner, 1875.

Gunkel, Hermann. *Schöpfung und Chaos in Urzeit und Endzeit.* Göttingen: Vandenhoeck & Ruprecht, 1895[English: *Creation and Chaos in the Primeval Era and the Eschaton.* trans. K. William Whitney, Jr., Grand Rapids: Eerdmans, 2006].

______. *Genesis.* trans. Mark E, Biddle. Macon, GA: Mercer University Press, 1997; originally 1901.

______. *Ausgewählte Psalmen übersetzt und erklärt.* 3rd edn. Göttingen: Vandenhoeck & Ruprecht, 1911; orignally 1904.

______. "Die Grundprobleme der israelitischen Literaturgeschichte," *DLZ* 29(1906), 1797–1800, 1861–1866[English: "Fundamental Problems of Hebrew Literary History." in Gunkel. *What Remains of the Old Testament and Other Essays.* trans. A. K. Dallas, London: George Allen & Unwin, 1928, 57–68; "Israelite Literary History," in *Water for a Thirsty Land.* trans. K. C. Hanson, Minneapolis: Fortress Press, 2001, 31–41].

______. "Die israelitische Literatur." in Paul Hinneberg(ed.). *Die Kultur der Gegenwart: Die orientalischen Literaturen,* I. 7. Berlin and Leipzig: B. G. Teubner, 1906, 51–102.

______. "Die Religionsgeschichte und die alttestamentliche Wissenschaft." in Max Fischer and Friedrich Michael Schiele(eds.). *Fünfter Weltkongress für freies Christentum und religiösen Fortschritt, Berlin 5. bis 10. August 1910, Protokollder Verhandlungen.* Berlin: Verlag des Protestantischen Schriftenvertriebs, 1910, 169–180[English: *The History of Religion and Old Testament Criticism.* Berlin–Schöneberg: Protestantischer Schriftenvertrieb and London: Williams Norgate, 1911].

______. "The Israelite Prophecy from the Time of Amos." in Jarislov Pelikan (ed.). *Twen tieth Century Theology in the Making.* London: William Collins and New York: Harper & Row, 1969, 48–75; originally 1930.

______. *The Psalms: A Form–Critical Introduction.* Facet Books. Philadelphia: Fortress Press, 1967.

______. *Introduction to Psalms.* completed by Joachim Begrich. trans. James D. Nogalski. Macon, GA: Mercer University Press, 1998; originally

1933.

Harper, William R. *Amos and Hosea.* ICC. Edinburgh: T. & T. Clark, 1905.

Hayes, John H. "The Usage of Oracles against Foreign Nations in Ancient Israel," *JBL* 87(1968), 81–92.

Hayes, John H., and Paul K. Hooker. *A New Chronology for the Kings of Israel and Judah.* Atlanta: John Knox Press, 1988.

Herder, Johann G. *The Spirit of Hebrew Poetry*, I–II. trans. James Marsh. Burlingto, VT: Edward Smith, 1833; originally 1782–1783.

Hermisson, Hans–Jürgen. "Observations on the Creation Theology in Wisdom." in Anderson(ed.). *Creation in the Old Testament*, 118–134.

Hitzig, F. *Der Prophet Jeremia.* 2nd edn. Leipzig: S. Hirzel, 1866; originally 1841.

Holladay, William L. "The Background of Jeremiah's Self–Understanding: Moses, Samuel, and Psalm 22," *JBL* 83(1964), 153–164.

______. *Jeremiah*, I. Hermeneia. Philadelphia: Fortress Press, 1986.

______. *Jeremiah*, II. Hermeneia. Minneapolis: Augsburg Fortress Press, 1989.

Horst, F. "Die Anfänge des Propheten Jeremia," *ZAW* 41(1923), 94–153.

Hunger, Hermann. *Babylonische und assyrische Kolophone.* Neukirchen–Vluyn: Neukirchener Verlag, 1968.

Hyatt, J. Philip. "Jeremiah." in George A. Buttrick(ed.). *IB*, V. New York: Abingdon Press, 1956, 777–1142.

Janzen, J. Gerald. "Double Readings in the Text of Jeremiah," *HTR* 60(1967), 433–447.

______. *Studied in the Text of Jeremiah.* Cambridge, MA: Harvard University Press, 1973.

Johnstone, Christopher Lyle. "Enthymeme." in Thomas O. Sloan(ed.). *Encyclopedia of Rheoric.* Oxford: Oxford University Press, 2001, 247–250.

Kapp, Ernst. *Greek Foundations of Traditional Logic*. New York: Columbia University Press, 1942.

Kerferd, G. B. "Aristotle." in Paul Edwards(ed.). *The Encyclopedia of Philosophy*, I. New York: Macmillan, 1967, 151–162.

Kohler, Ludwig. *Deuterojesaja(Jesaja 40–55) stilkritisch untersucht*. BZAW, 37. Giessen: Alfred Töpelmann, 1923.

Lambert, W. G. "Ancestors, Authors, and Canonicity," *JCS* 11(1957), 1–14.

Landes, George M. "Creation and Liberation." in Anderson(ed.). *Creation in the Old Testament*, 135–151.

Leichty, Erle. "The Colophon," in *Studies Presented to A. Leo Oppenheim*. Chicago: Oriental Institute of the University of Chicago, 1964, 147–154.

Lejewski, Czeslaw. "Ancient Logic." in Paul Edwards(ed.). *The Encyclopedia of Philosophy*, V. New York: Macmillan, 1967, 513–520.

Lundbom, Jack R. *Jeremiah: A Study in Ancient Hebrew Rhetoric*. SBLDS, 18. Missoula, MT: Society of Biblical Literature & Scholars Press, 1975[2nd edn. Winona Lake, IN: Eisenbranns, 1997].

______. "The Lawbook of the Josianic Reform," *CBQ* 38(1976), 293–302.

______. "The Double Curse in Jeremiah 20:14–18," *JBL* 104(1985), 589–600.

______. "Baruch, Seraiah, and Expanded Colophons in the Book of Jeremiah," *JSOT* 36(1986), 99–101.

______. "Rhetorical Structures in Jeremiah 1," *ZAW* 103(1991), 193–210.

______. *The Early Career of the Prophet Jeremiah*. Lewiston, NY: Mellen Biblical Press, 1993.

______. "Jeremiah 15,15–21 and the Call of Jeremiah," *SJOT* 9(1995), 143–155.

______. *Jeremiah 1–20*. AB, 21A. New York: Doubleday, 1999.

______. "Hebrew Rhetoric." in Thomas O. Sloan(ed.). *Encyclopedia of Rhetoric*.

Oxford: Oxford University Press, 2001, 325–328.

______. *Jeremiah 21–36.* AB, 21B. New York: Doubleday, 2004.

______. *Jeremiah 37–52.* AB, 21C. New York: Doubleday, 2004.

______. "Haplography in the Hebrew *Vorlage* of LXX Jeremiah," *HebSt* 46 (2005), 301–320.

______. "Delimitation of Units in the Book of Jeremiah." in Raymond de Hoop et al.(eds.). *The Impact of Unit Delimitation on Exegesis.* Leiden: E. J. Brill, 2009, 146–174.

Malamat, A. "Prophetic Revelations in New Documents from Mari and the Bible," in *Volume du Congrès, Genève, 1965.* VTSup, 15. Leiden: E. J. Brill, 1966, 207–227.

McKane, William. *Jeremiah* I. ICC. Edinburgh: T. & T. Clark, 1986.

______. *Jeremiah* II. ICC. Edinburgh: T. & T. Clark, 1996.

McCarter, P. Kyle. *I Samuel.* AB, 8. Garden City, NY: Doubleday, 1980.

McCarthy, Dennis J. "'Creation' Motifs in Ancient Hebrew Poetry." in Anderson (ed.). *Creation in the Old Testament,* 74–89.

Movers, Karl Franz. *De utriusque recensionis vaticiniorum Ieremiae, graecae alexandrinae et hebraicae masorethicae, indole et origine commentatio critica.* Hamburg: Fridericus Perthes, 1837.

Mowinckel, Sigmund. *Zur Komposition des Buches Jeremia.* Oslo: Jacob Dybwad, 1914.

______. *Prophecy and Tradition.* Oslo: Jacob Dybwad, 1946.

Muilenburg, James. "Isaiah." in George A. Buttrick(ed.). *Interpreter's Bible,* V. New York: Abingdon Press, 1956, 381–773.

______. "Psalms 20–21"(Unpublished paper read at the 1956 Annual Meeting of the Society of Biblical Literature).

______. "The Biblical View of Time," *HTR* 54(1961), 225–252.

______. "The Mediators of the Covenant"(Unpublished Nils W. Lund Memorial

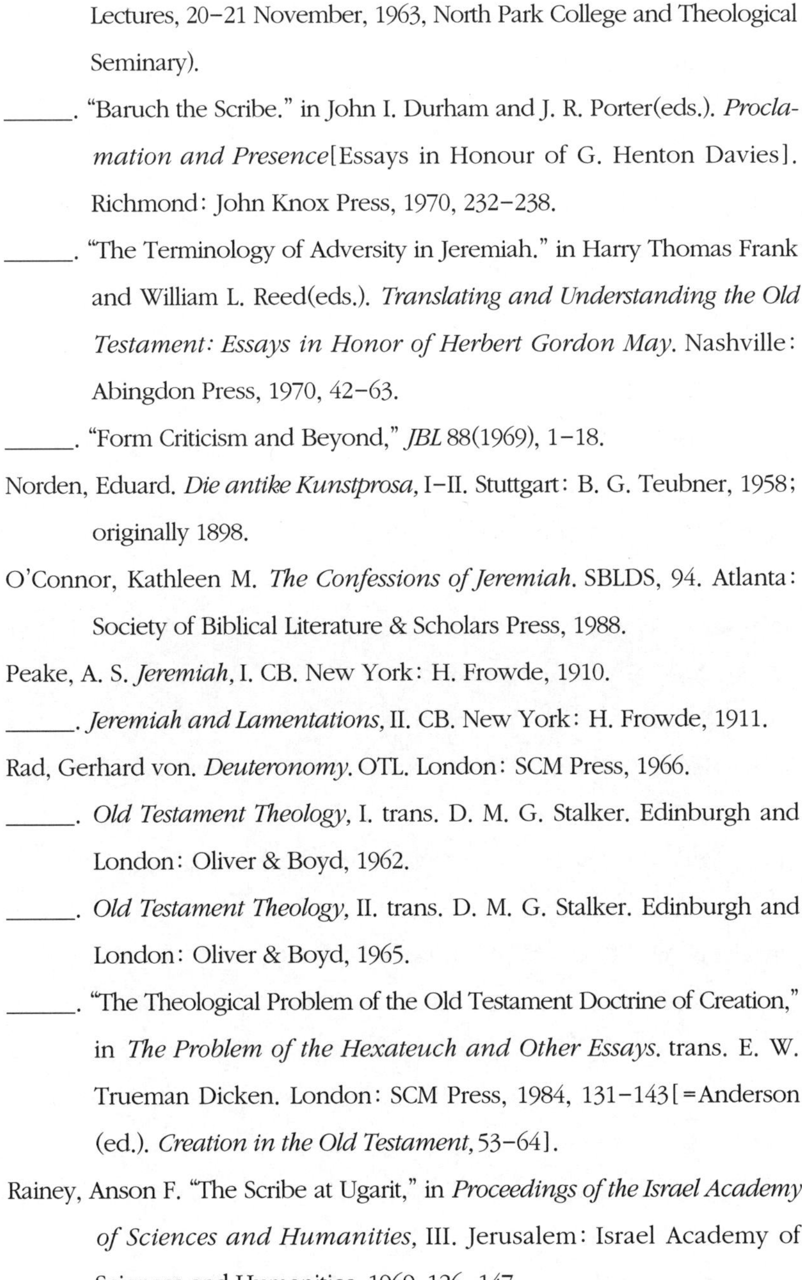

Lectures, 20–21 November, 1963, North Park College and Theological Seminary).

______. "Baruch the Scribe." in John I. Durham and J. R. Porter(eds.). *Proclamation and Presence*[Essays in Honour of G. Henton Davies]. Richmond: John Knox Press, 1970, 232–238.

______. "The Terminology of Adversity in Jeremiah." in Harry Thomas Frank and William L. Reed(eds.). *Translating and Understanding the Old Testament: Essays in Honor of Herbert Gordon May*. Nashville: Abingdon Press, 1970, 42–63.

______. "Form Criticism and Beyond," *JBL* 88(1969), 1–18.

Norden, Eduard. *Die antike Kunstprosa*, I–II. Stuttgart: B. G. Teubner, 1958; originally 1898.

O'Connor, Kathleen M. *The Confessions of Jeremiah*. SBLDS, 94. Atlanta: Society of Biblical Literature & Scholars Press, 1988.

Peake, A. S. *Jeremiah*, I. CB. New York: H. Frowde, 1910.

______. *Jeremiah and Lamentations*, II. CB. New York: H. Frowde, 1911.

Rad, Gerhard von. *Deuteronomy*. OTL. London: SCM Press, 1966.

______. *Old Testament Theology*, I. trans. D. M. G. Stalker. Edinburgh and London: Oliver & Boyd, 1962.

______. *Old Testament Theology*, II. trans. D. M. G. Stalker. Edinburgh and London: Oliver & Boyd, 1965.

______. "The Theological Problem of the Old Testament Doctrine of Creation," in *The Problem of the Hexateuch and Other Essays*. trans. E. W. Trueman Dicken. London: SCM Press, 1984, 131–143[=Anderson (ed.). *Creation in the Old Testament*, 53–64].

Rainey, Anson F. "The Scribe at Ugarit," in *Proceedings of the Israel Academy of Sciences and Humanities*, III. Jerusalem: Israel Academy of Sciences and Humanities, 1969, 126–147.

Reventlow, Henning Graf. *Liturgie und prophetisches Ich bei Jeremia.* Gütersloh: Gütersloher Verlagshaus Gerd Mohn, 1963.

Rietzschel, Claus. *Das Problem der Urrolle.* Gütersloh: Gütersloher Verlagshaus Gerd Mohn, 1966.

Rudolph, Wilhelm. *Jeremia.* HAT; 3rd edn. Tübingen: J. C. B. Mohr[Paul Siobeck], 1968; originally 1947.

Sanders, James A. *The Dead Sea Psalms Scroll.* Ithaca, NY: Cornell University Press, 1967.

Sarason, Richard S. "The Interpretation of Jeremiah 31:31–34 in Judaism." in Jakob J. Petuchowski(ed.). *When Jews and Christians Meet.* Albany, NY: State University of New York Press, 1988, 99–123.

Schmid, H. H. "Creation, Righteousness, and Salvation." in Anderson(ed.). *Creation in the Old Testament,* 102–117.

Schwally. Friedrich. "Die Reden des Buches Jeremia gegen die Heiden. XXV. XLVILI," *ZAW* 8(1888), 177–217.

Smend, Rudolph. "Ueber das Ich der Psalmen," *ZAW* 8(1888), 49–147.

Smith, Henry Preserved. "The Greek Translators of Jeremiah," *ITS* 4(1887), 245–266.

Smith, Mark. *The Laments of Jeremiah in their Context.* SBLMS, 42. Atlanta: Schlars Press, 1990.

Streane, A. W. *The Double Text of Jeremiah together with the Lamentations.* Cambridge: Deighton, Bell & Co., 1896.

______. *The Book of the Prophet Jeremiah together with The Lamentations.* CBSC. Cambridge: Cambridge University Press, 1952; originally 1913.

Thompson, J. A. *The Book of Jeremiah.* NICOT. Grand Rapids: Eerdmans, 1980.

Ulrich, Eugene. et al.(eds.). *Qumran Cave 4. X. The Prophets.* DJD, 15. Oxford:

Clarendon Press, 1997.

Volz, Paul. *Studien zum Text des Jeremia.* BWAT, 25. Leipzig: J. C. Hinrichs'sche Buchhandlung, 1920.

______. *Der Prophet Jeremia.* KAT, 10; 2nd edn. Leipzig: A. Deichert, 1983; originally 1928.

Weinfeld, Moshe. "Covenant." in C. Roth and G. Wigoder(eds.). *Encyclopaedia Judaica,* V. Jerusalem: Keter Publishing House, 1971, cols. 1012–1022.

Weiser, Artur. *Das Buch Jeremia 1-25.* ATD, 20; 8th edn. Gödttingen: Vandenhoeck & Ruprecht, 1981; originally 1952.

Weiss, Johannes. *Earliest Christianity,* I. trans. Frederick C. Grant et al. New York: Harper & Bros., 1959.

de Wette, Wilhelm Martin. *A Critical and Historical Introduction to the Canonical Scriptures of the Old Testament I-II.* trans. Theodore Parker. Boston: Charles C. Little and James Brown, 1843; originally 1817.

Wolff, Hans W. *Hosea.* trans. Gary Stansell; Hermeneia. Philadelphia: Fortress Press, 1974.

Zimmerli, Walther. "From Prophetic Word to Prophetic Book." in Robert P. Gordon(ed.). '*The Place Is Too Small for Us': The Israelite Prophets in Recent Scholarship.* Winona Lake, IN: Eisenbrauns, 1995, 419-442.

색인

성서 색인

■ 구약성서

출애굽기

민수기

신명기

예레미야

예레미야애가

에스겔

호세아

인명 색인

지은이

•

잭 R. 런드봄(Jack R. Lundbom)

케임브리지 대학과 버클리 캘리포니아 대학 교수를 역임했고, 앤도버 뉴튼 신학교, 예일 대학 신학대학원, 시카고 루터 신학교, 스웨덴 웁살라 대학, 홍콩 루터 신학교 초빙 교수와 독일 마르부르크 대학과 튀빙엔 대학, 게렛 복음주의신학교 석좌 교수로 봉직했다. 현재 예루살렘에 있는 올브라이트 연구소 연구원이다.
저서는 *Jeremiah: A Study in Ancient Hebrew Rhetoric*(1997), *The Hebrew Prophets: An Introduction*(2010), *Deuteronomy: A Commentary*(2012), *Jermiah 1-20*(1999), *Jeremiah 21-36*(2004), *Jermiah 37-52*(2004) 등이 있다.

옮긴이

•

구애경

서울신학대학교(B. A.)
서울신학대학교 대학원(M. Div.)
연세대학교 연합신학대학원(Th. M.)
한국성서학연구소 주최 전국 신학생 성서학논문 공모전 입상
현재 연세대학교 대학원 구약학 철학박사(Ph. D.) 과정

박지혜

미국 조지워싱턴 대학(B. A.)
현재 연세대학교 대학원 구약학 석·박사(Th. M. & Ph. D.) 과정
　순복음총회신학교, 순복음대학원대학교, 순복음대학원대학교 산하
　학점은행제 출강